图解力

柏承能 ____编著

信息图表设计，一张图读懂枯燥数据

INFOGRAPHIC

中国铁道出版社有限公司

CHINA RAILWAY PUBLISHING HOUSE CO., LTD.

内 容 简 介

在大数据时代，随着信息可视化的大热，信息图越来越被人们重视，也有越来越多的设计师热衷于用信息图的方式，结合视觉上的美感将信息传达给读者，这使得信息图越来越流行，也越来越被大众所接受。

本书以信息图为中心，结合 600 多张图片，分别讲述了信息图的五大信息图设素材、六大信息图分类、六大信息图设计步骤、四大差异化信息图实例，有利于读者的理解，帮助读者可以一本书玩转信息图制作。

本书适合初学信息图的设计师，从事设计相关行业的个人与公司，有意学习信息图制作的白领阶层、工薪阶层等，希望能通过信息图传递相关信息给个体老板、企业高管、政府媒体等人群。

图书在版编目（CIP）数据

图解力：信息图表设计，一张图读懂枯燥数据 / 柏承能编著 . —北京：中国铁道出版社，2016.8（2022.1 重印）

ISBN 978-7-113-22089-1

Ⅰ . ①图… Ⅱ . ①柏… Ⅲ . ①信息－分析 Ⅳ . ① G202

中国版本图书馆 CIP 数据核字（2016）第 171201 号

书　　名：**图解力：信息图表设计，一张图读懂枯燥数据**
作　　者：柏承能

责任编辑：张亚慧　　　编辑部电话：(010)51873035　　　邮箱：lampard@vip.163.com
封面设计：MXK DESIGN STUDIO
责任印制：赵星辰

出版发行：中国铁道出版社有限公司（100054，北京市西城区右安门西街 8 号）
印　　刷：佳兴达印刷（天津）有限公司
版　　次：2016 年 8 月第 1 版　　2022 年 1 月第 2 次印刷
开　　本：700 mm×1 000 mm 1/16　印张：22.75　字数：315 千
书　　号：ISBN 978-7-113-22089-1
定　　价：69.00 元

前言
FOREWORD

写作驱动

在大数据时代，随着信息可视化的大热，信息图越来越被人们重视，也有越来越多的设计师热衷于用信息图的方式，结合视觉上的美感将信息传达给读者，这使得信息图越来越流行，也越来越被大众所接受。

本书以信息图为中心，分别讲述了信息图的各个组成要素，最后将要素结合起来，图文结合，提供完整的实例讲解，有利于读者的理解，帮助读者可以一本书玩转信息图制作。

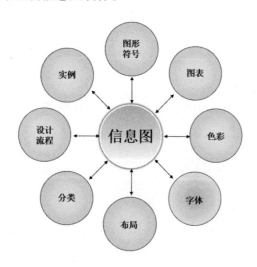

02 **本书特色**

（1）图文结合，实战性强：书中结合了 600 多张图片，通过理论与实际结合，帮助读者了解信息图的制作。

（2）内容全面，专业性强：书中涵盖了五大信息图设计素材、六大信息图分类、六大信息图设计步骤、四大差异化信息图实例，来帮助、指导读者了解和制作各个种类的信息图。

（3）即学即用，实用性强：书中用到的信息图实例素材，可直接应用，或者以这些实例为模板，稍做修改即可制作出更多的实用信息图。

03 **内容安排**

全书共分为 10 章，具体内容包括：什么是信息图；信息图设计素材；图形符号（Pictogram）；图表（Diagram）；色彩（Color）；字体（Font）；布局（Layout）；信息图的六大分类；信息图的设计流程；信息图案例。

04 **适合人群**

（1）初学信息图的设计师。

（2）从事设计相关行业的个人与公司。

（3）有意学习信息图制作的白领阶层、工薪阶层等。

（4）希望通过信息图传递信息给相关的个体老板、企业高管、政府媒体等人群。

05 **作者售后**

本书由柏承能编著，具体参与编写的人员有杨侃滢、刘嫔、张心等人，由于作者知识水平有限，书中难免有错误和疏漏之处，恳请广大读者批评、指正，联系邮箱：itsir@qq.com。

编　者
2016 年 7 月

目录
CONTENTS

目录 | CONTENTS

2
CHAPTER

信息图设计素材

3
CHAPTER

图形符号（Pictogram）

4
CHAPTER

图表（Diagram）

目录 | C O N T E N T S

5
CHAPTER

色彩（Color）

6

CHAPTER

字体（Font）

目录 |

7

CHAPTER

8

CHAPTER

信息图的分类

目录 | C O N T E N T S

9
CHAPTER

信息图的设计流程

10
CHAPTER

信息图案例

1
CHAPTER

什么是信息图

图 × 解 × 力
信息图表设计，一张图读懂枯燥数据

 认识信息可视化

今天的世界由信息建构而成，对信息的设计成为一种新的能力需求。信息可视化围绕着"可读、逻辑、可用"的目的传递信息，将枯燥烦琐的数据转为易读易懂的图像信息，如图 1-1 所示。

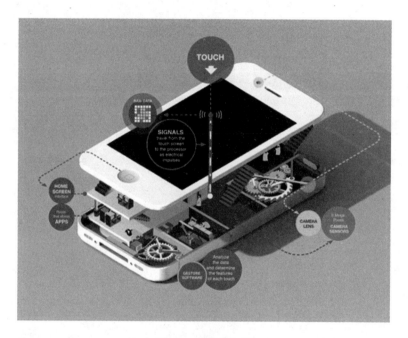

◆ **图 1-1　信息可视化**

专家提醒

图 1-1 是现居住在伦敦的插图画师、设计师以及排版设计师张静制作的创意又精美的信息可视化图表。在这里，她想象着在我们日常使用的小玩意儿中有勤劳的小人在忙碌工作，还配以美观又古灵精怪的注解。

1.1.1 信息可视化的定义与意义

信息可视化的官方定义比较晦涩难懂，在笔者看来，信息可视化就是用象形图来正确表现复杂的信息和逻辑关系，这样做可以通过象形图特有的美观和趣味性来吸引读者，并通过最优表现的形式，使内容更易懂，拉近读者与内容之间的距离。

例如，复杂的降雨量信息，如果用简单的象形图和明晰的表格形式来表现，就会变得一目了然，如图 1-2 所示。

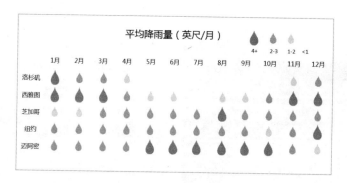

◆ 图 1-2　降雨量信息可视化

例如，相机是怎么做出来的？这种专业的信息，如果用象形图加上文字说明的形式来表现，就算不懂相机制造的人看起来也不会那么难以理解，如图 1-3 所示。

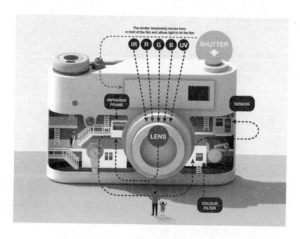

◆ 图 1-3　相机是怎么做出来的

这样的例子还有很多，如图 1-4 所示。

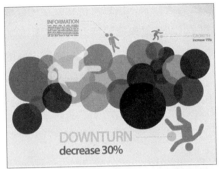
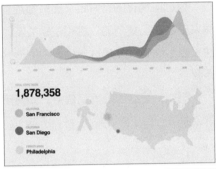

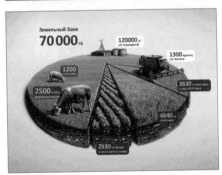

◆ 图 1-4　信息可视化图

专家提醒

　　信息可视化是一门了不起的学问，需要设计者既有很好的交互意识，又要有一定的图形设计能力。

1.1.2　信息可视化的发展历史

信息的可视化并不是一种很新的设计表现思路，在很早之前就出现了信息可视化的雏形，如图 1-5 所示。

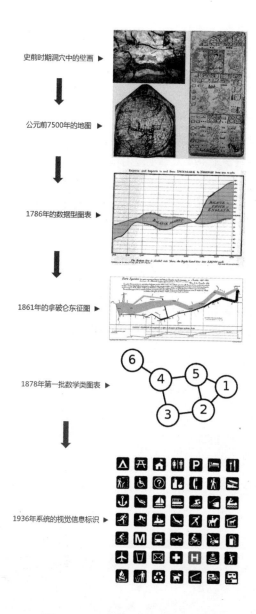

◆ 图 1-5　信息可视化的发展流程图

☆ 在史前时期，洞穴中的壁画就是目前已知道的一种较早的信息可视化体现。

☆ 公元前 7500 年，土耳其地区出现的地图。

☆ 1786 年，威廉·普莱费尔（William Playfair）出版的《贸易与政治图集（The Commercial and Political Atlas）》图书中运用了数据型图表。

☆ 1861 年，拿破仑东征（征俄）的信息图表代表了开放性信息制图的出现。

☆ 1878 年，西尔维斯特（James Joseph Sylveste）第一次提出了"图形（Graphic）"的概念，并绘制了早期第一批数学类图表。

☆ 1936 年，奥托·诺伊拉特（Otto Neurath）设计了一套名叫 Isotype（印刷图像教育国际体系）的可视化交流法，并将其发展成为世界统一的功能性视觉语言。

☆ 历史的沿革一直带动着信息可视化设计的发展，到了现代，科技日新月异，对于信息可视化设计的划分及定位也逐渐细致，信息可视化以其美丽雅致的外形，以及对于特定人群所关注信息清晰的定位，再次成为众多设计师关注的焦点，也才得以通过更多的设计手段对信息可视化进行更好的呈现。

1.2 为什么我们需要信息图

　　信息图是整合复杂的数据与想法，然后用视觉的方法呈现给用户，让其更快地消化和理解表达的信息。这种"一图胜千言"的表达方式，也越来越受到大家的青睐。

1.2.1 信息图为什么这么火

　　随着信息技术和社交媒体发展以及人们对传播的进一步理解，信息图的使用越来越广，研究发现（如图 1-6 所示）：

☆ 进入人脑的信息 90% 是视觉信息。

☆ 信息图具有全球性覆盖的优势。

☆ 信息图平均能够提高 12% 的流量。

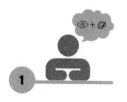  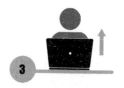

我们通过视觉来处理信息。进入我们大脑的90%是视觉信息。

信息图有全球性覆盖的优势。我们处于一个鼠标一点信息即见的年代，信息图能做到及时的全球覆盖，而这是本地印刷媒体无法做到的。

信息图能提升流量。这与不使用信息图相比，使用信息图能平均提升12%的流量。

◆ 图 1-6　信息图为什么这么火

1.2.2　信息图与文字相比优势在哪儿

信息图已经在社会化网络运营中越来越占有重要的地位了，它能够快速地吸引大家的眼球，运用设计的元素。例如，色彩缤纷的表格、华丽的图表、丰富的流程图和智能按钮，这让读者很容易处理数据，因为他们的眼睛接收到的是设计简化过的内容。

普通的表现形式会有很多文字，在这个快速阅读时代，冗长的文字会消磨人们阅读的耐心，且容易跳过其中的重要信息，而如果采用复杂的字体设计，会增加人们眼睛的疲惫程度。信息图改变了这种形式，它通过强大的视觉化冲击力，把枯燥的数据通过联系相关图形再加工表达出来，为人们减轻了阅读大量信息带来的信息过载负担。图 1-7 所示为信息图与纯文字信息的阅读对比。

While you are travelling down this road there is a chance that one or more rocks of varying size may fall from the slopes on one or both sides of you. You should be aware of this before you travel this way so that you are cautious of this particular type of hazard.

◆ 图 1-7　信息图与纯文字信息的阅读对比

1.3 信息图的入门知识

信息图越来越火爆，学习信息图也越来越重要。下面来了解一下信息图的定义、信息图的分类、信息图的特点以及信息图的应用。

1.3.1　信息图的定义

信息图形（Infographic），又称为信息图，是指数据、信息或知识的可视化表现形式。信息图主要应用于必须要有一个清楚准确的解释或表达甚为复杂且大量的信息。例如，在各式各样的文件档案上、各个地图及标志、新闻或教程文件，表现出来的设计是化繁为简。

专家提醒

基于数据生成的信息图（Infographics）和可视化（Visualization），这两者在现实应用中非常接近，并且有时能够互相替换使用。

但是这两者的概念其实是不同的，到底什么是区分这两者的关键？

☆ 可视化是指那些用程序生成的图形图像，这个程序可以被应用到很多不同的数据上。

☆ 信息图是指为某一数据定制的图形图像，它往往是设计者手工定制的，只能应用在那个数据中。

这个区别点听起来似乎是显而易见的，而在实际中，这两者之间的界限却往往难于区分。

而且可视化是普适性的，信息图是具体的。可视化不会因为内容而改变，而信息图则和内容本身有着紧密的联系。可视化基本上是全自动的，而信息图是需要手工定制的。

1.3.2　信息图的分类

信息图的分类有很多种，各分类之间也并不是泾渭分明，所以，没有什么样的分法是最正确的说法。在笔者看来，信息图可以分为六大类，即表格、图表、图形、统计图、图解和地图，如图1-8所示。

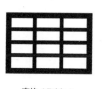

表格（Table）

图表（Chart）

图形（Pictogram）

统计图（Graph）

图解（Diagram）

地图（Map）

◆ 图 1-8　信息图分类

表格：根据特定信息标准进行区分，如图 1-9 所示。

球员数据			
单场进球最快		单场进球最多	
23轮　国安vs毅腾　德场　**0'23"**		03轮　富力　哈默德	
		04轮　富力　哈默德	
单场射门最多		04轮　泰达　杜震宇	
03轮　富力　哈默德　**13**		05轮　宏运　詹姆斯	
		07轮　鲁能　勒夫	
单场传球最多		11轮　上港　海森	**3**
30轮　绿城　冯刚　**132**		12轮　恒大　埃尔克森	
		12轮　毅腾　多利	
		23轮　恒大　埃尔克森	
		26轮　国安　德场	
		29轮　泰达　塔瓦雷斯	
单场关键传球最多		单场传中最多	
17轮　绿城　汪嵩　**15**		03轮　恒大　迪亚曼蒂　**25**	
单场过人最多		单场触球最多	
23轮　阿尔滨　艾迪　**9**		30轮　绿城　冯刚　**343**	
单场跑动最多		单场跑动最多	
01轮　舜天　孙可　**13125.9**米		01轮　国安　于洋　**7962.3**米	

◆ 图 1-9　表格信息图

图表：运用图形、线条及插图等，阐明事物的相互关系，如图 1-10 所示。

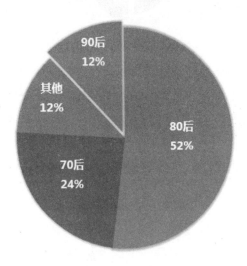

◆ 图 1-10　图表信息图

图形：不使用文字，运用图画直接传达信息，如图 1-11 所示。

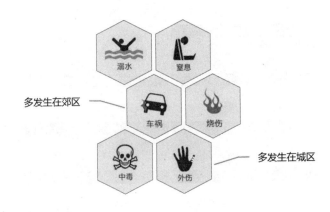

◆ 图 1-11　图形信息图

统计图：通过数值来表现变化趋势或进行比较，如图 1-12 所示。

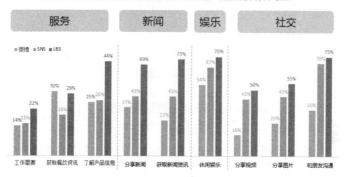

◆ 图 1-12　统计图信息图

图解：主要运用插图对事物进行说明，如图 1-13 所示。

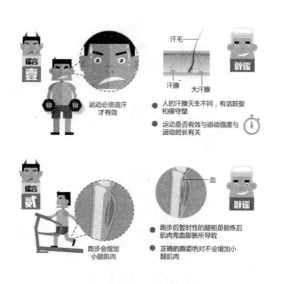

◆ 图 1-13　图解信息图

地图：描述在特定区域和空间里的位置关系，如图 1-14 所示。

◆ 图 1-14　地图信息图

在实际制作信息图的过程中会用到多种形式配合完成，如图 1-15 所示。

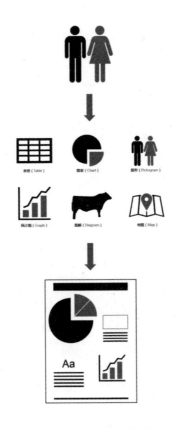

◆ 图 1-15　信息图制作流程

制作信息图，需要从单个的象形图出发，加上各种说明内容的图表、图解，再配上合适的文字说明，合理的布局设计，就得到了信息图，当然这只是一个精简的过程说明，实际操作会复杂很多。

1.3.3 信息图的特点

力求简洁和以数据为核心的传递模式是信息图的特点，一个高质量的信息图越来越受到运营者的喜欢，同时也被更多的读者所喜欢。

有些美观、富有创意的信息图甚至会让人爱不释手，有效的信息图表达出来的信息容易被读者接受并分享，传递给更多的人，信息图不仅可以提高读者的兴趣，同时还可以获得很多高质量的外部链接，如图 1-16 所示。

◆ 图 1-16　咖啡种类

1.3.4 信息图的应用

信息图有两种常用的应用类型，一种是呈现数据，另一种是陈述观点，但无论是呈现数据还是陈述观点，都有纯文字所不能替代的功效。

信息图被应用于我们生活的方方面面。例如，社会资讯、商业营销、宣传推广等，如图 1-17 所示。

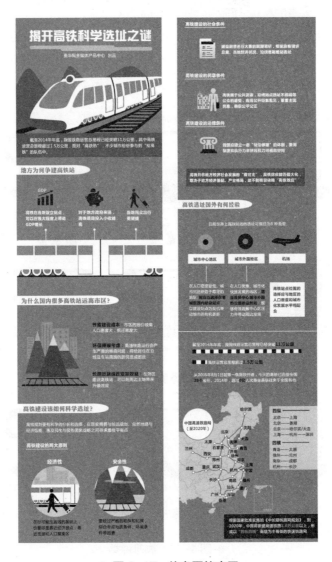

◆ 图 1-17 信息图的应用

◆ 图 1-17　信息图的应用（续）

1.4 制作信息图需要什么

下面介绍一下制作信息图需要一些什么。

1.4.1 信息图必备的能力

制作信息图必备的能力有分析能力、编辑能力及设计能力，如图1-18所示。

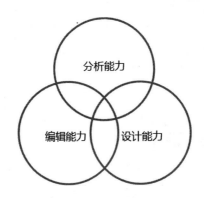

◆ **图 1-18 制作信息图必备的能力**

对信息图的最终完成产生重大影响的是设计能力，也就是说，信息图这种重视觉的信息表述，设计能力是非常重要的，象形图的设计、图表的设计、字体的设计、颜色的设计、布局的设计都是不可或缺的，但这并不代表具有良好设计能力的人就能设计出好的信息图。

信息图是为了让信息更易于理解和传达，要让复杂的文字信息转化为易于理解的视觉信息，对信息的分析和取舍也是一种能力，将信息整理分类，辨别信息的重要程度，就是制作信息图的分析能力。

分析好的信息，要如何整合成为信息图的完整内容，就需要具备编辑能力了。

1.4.2 明确沟通对象的资讯需求

明确沟通对象的资讯需求是信息图制作上的一个准备工作，就像写书，需要有一个读者定位一样，信息图的制作也需要明确读者，也就是说，你做的信息图要给谁看。

在明确了读者之后，就要转向了解读者有什么样的资讯需求，也就是说，从你做的信息图里面，读者会获取什么样的信息，这些信息是不是刚好符合读者的需求。

确定了这两点，信息图的制作线路就不会走偏，如图 1-19 所示。

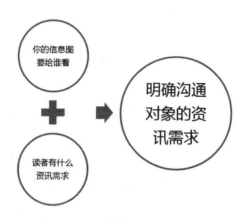

◆ 图 1-19　明确沟通对象的资讯需求

1.4.3　信息图设计的准则

在这个信息超载的时代，信息繁杂，让人找不到重点，信息图能够让信息从繁杂中脱颖出来，因而信息图迅速流行起来，如图 1-20 所示。

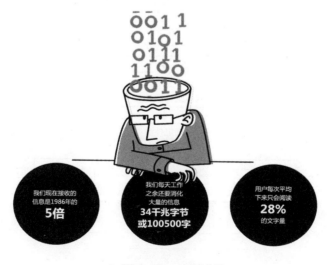

◆ 图 1-20　信息过载

信息图的设计有十大准则，如图 1-21 所示。

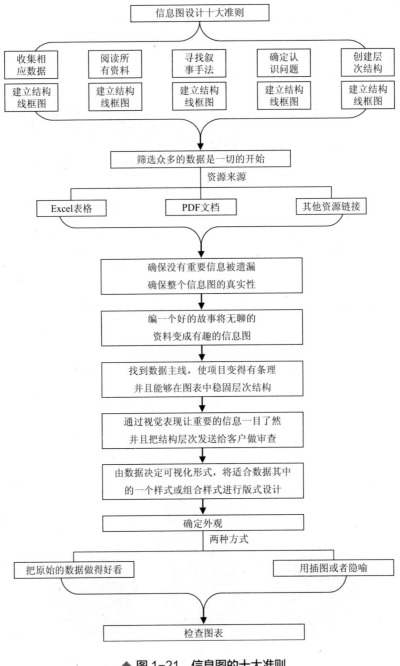

收集相应数据　阅读所有资料　寻找叙事手法　确定认识问题　创建层次结构

建立结构线框图　建立结构线框图　建立结构线框图　建立结构线框图　建立结构线框图

筛选众多的数据是一切的开始
资源来源
Excel表格　　PDF文档　　其他资源链接

确保没有重要信息被遗漏
确保整个信息图的真实性

编一个好的故事将无聊的
资料变成有趣的信息图

找到数据主线，使项目变得有条理
并且能够在图表中稳固层次结构

通过视觉表现让重要的信息一目了然
并且把结构层次发送给客户做审查

由数据决定可视化形式，将适合数据其中
的一个样式或组合样式进行版式设计

确定外观
两种方式
把原始的数据做得好看　　用插图或者隐喻

检查图表

◆ **图 1-21　信息图的十大准则**

1.5 制作信息图的要素

下面对这五大要素进行详细介绍。

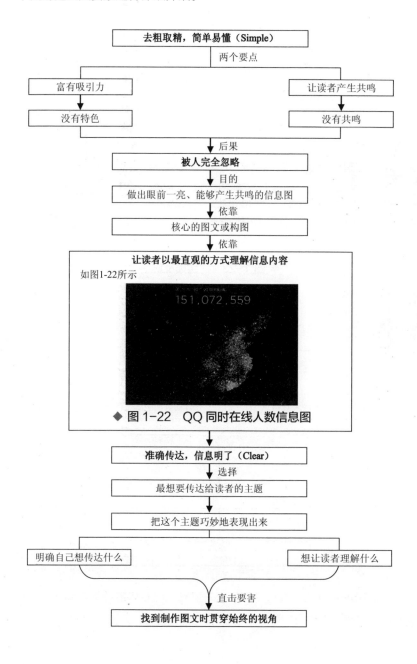

◆ 图 1-22　QQ 同时在线人数信息图

下面是一个解释什么是"踢猫反应"的信息图，如图 1-23 所示。

◆ 图 1-23 "踢猫反应"

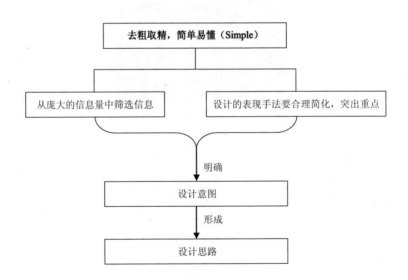

尽管意图确定以后，会有多种相应的思路，但并非每种思路都能找到足够的相关资料。不过，在信息图中，信息也不是越多越好，如图 1-24 所示。

将冗长的历史内容精简为概括性的精华，一看就能明白。

◆ 图1-24　清明节习俗起源

有人会想，图中这些信息或多或少能起到一些作用，但是，大胆舍弃也是设计中的一种能力。如果不能舍弃，那些冗余的信息就如同过滤网一样阻碍意图的有效传达。这也是造成视觉效果不佳的原因。图上保留的信息，要能以最小的量产生最大的效果，让读者第一眼就能明白其中传达的意图。另外，需要简化的不仅仅是信息，还包括颜色、字体、字数、线条和排版等。

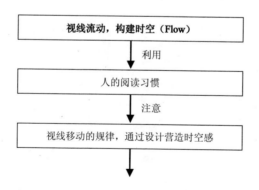

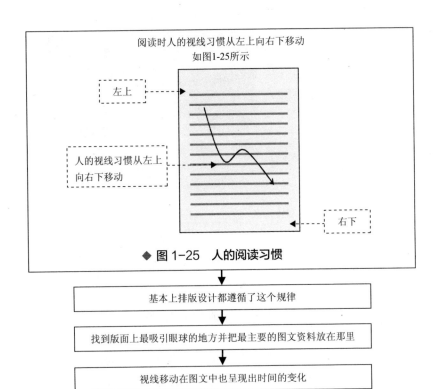

◆ 图 1-25　人的阅读习惯

基本上排版设计都遵循了这个规律

找到版面上最吸引眼球的地方并把最主要的图文资料放在那里

视线移动在图文中也呈现出时间的变化

从左上的"过去"开始到右下的"现在"以至"未来"

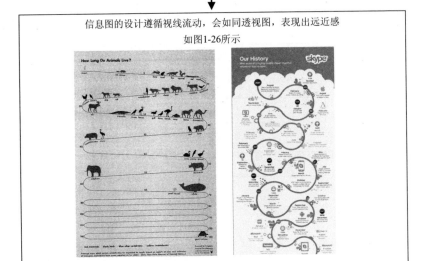

◆ 图 1-26　左上至右下阅读的信息图

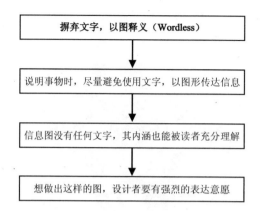

摒弃文字，以图释义（Wordless）

↓

说明事物时，尽量避免使用文字，以图形传达信息

↓

信息图没有任何文字，其内涵也能被读者充分理解

↓

想做出这样的图，设计者要有强烈的表达意愿

奈杰尔·霍姆斯（Nigel Holmes）的作品《各国问候礼仪》，在不使用文字说明的情况下，解说法国、荷兰等国家的问候礼仪。他还有很多类似的无文字说明的图解作品，如图 1-27 所示。

◆ 图 1-27　各国问候礼仪

未来的农业合作是什么样？如图 1-28 所示。

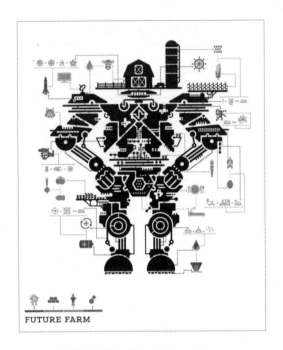

◆ 图 1-28 The Future Farm.

1.6 信息图设计作品展示

信息图的优秀作品如图 1-29 所示。

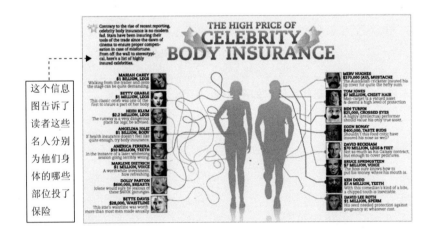

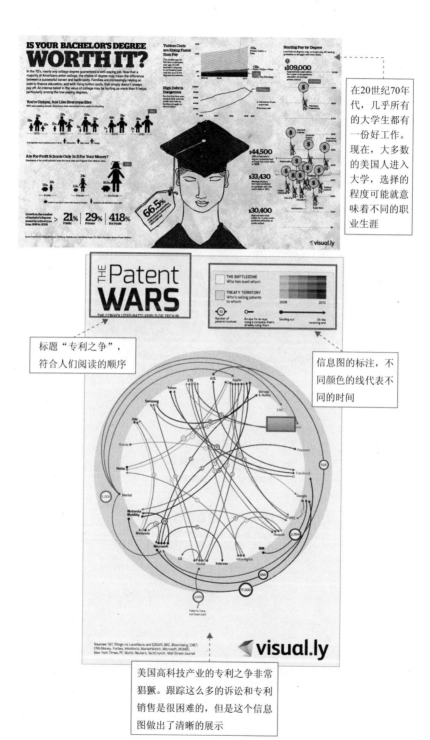

在20世纪70年代，几乎所有的大学生都有一份好工作。现在，大多数的美国人进入大学，选择的程度可能就意味着不同的职业生涯

标题"专利之争"，符合人们阅读的顺序

信息图的标注，不同颜色的线代表不同的时间

美国高科技产业的专利之争非常猖獗。跟踪这么多的诉讼和专利销售是很困难的，但是这个信息图做出了清晰的展示

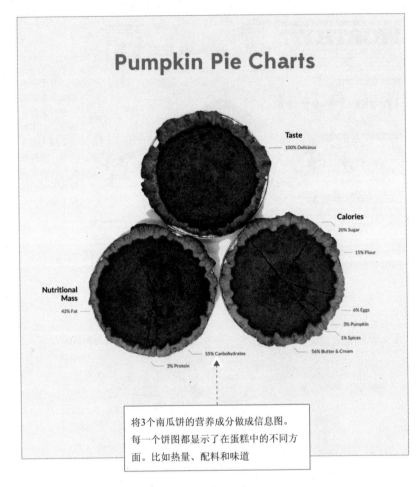

◆ 图 1-29　信息图作品展示

信息图设计素材

图 × 解 × 力

信息图表设计，一张图读懂枯燥数据

2.1 创意（Idea）

创意是传统的叛逆，是打破常规的哲学；是破旧立新的创造与毁灭的循环；是思维碰撞、智慧对接；是具有新颖性和创造性的想法，不同于寻常的解决方法。好的创意可以为生活带来方便。

手工制作的手提包装，硬纸板制作，方便手提，可以装咖啡、啤酒、可乐等，如图 2-1 所示。

◆ 图 2-1　创意手提包装

包装对一个产品来说至关重要，不仅要有辨识、吸引、宣传和细节等要素，包装同样承载着产品设计的灵魂。一个优秀的包装创意设计是能透过其散发的气质而使消费者看到其产品本质的，如图 2-2 所示。

◆ 图2-2 创意饼干包装

结识新朋友或是约见新客户的时候，礼貌地交换名片早已成为商务人士的基本社交礼仪了，而设计精美的名片也往往可以为主人的第一印象加分，让新客户对公司更加了解，画龙点睛的创意是必不可少的，如图2-3所示。

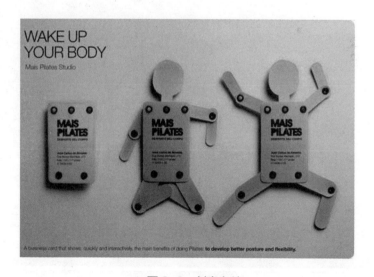

◆ 图2-3 创意名片

有趣的广告创意设计，看着本身就是一种享受，如图2-4所示。

◆ 图 2-4　创意户外广告牌

有创意的广告设计贴合品牌理念，会更加突显广告的价值，如图 2-5 所示。

◆ 图 2-5　创意广告

图 2-6 所示为创意错觉摄影作品，创意让摄影变得更有趣。

◆ 图2-6 创意错觉摄影作品

《The Family That Preys（家庭纷争）》是集导演、编剧、制片、表演于一身的泰勒·派瑞（Tyler Perry）的第6部非常有标志性意义的作品，其海报设计得也很有创意，如图2-7所示。

◆ 图2-7 创意电影海报

2.2 图形符号（Pictogram）

下面是一组象形风格的极简主义电影海报，如图 2-8 所示。

《在云端（Up in the air）》是2009年贾森·雷特曼执导、派拉蒙影业公司出品的一部爱情、剧情电影。

电影讲述的是一名叫瑞恩·宾厄姆的公司裁员专家，一年有300多天辗转于全国各地解雇他人，几乎以机场为家。而瑞恩公司的大学生新人娜塔莉得到了公司总裁的青睐，竭力推广通过网络视频会议远程裁员的改革。瑞恩反对变革，却不得不带娜塔莉四处实习熟悉业务

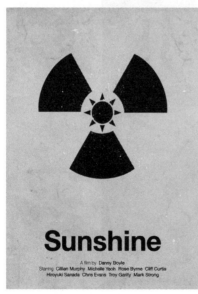

《太阳浩劫（Sunshine）》是由丹尼·鲍尔导演的科幻电影。

电影讲述的是在短短的半个世纪之后，人类赖以生存的"生命之源"——太阳，渐渐失去了它普照万物的能量，提前进入了可怕的衰竭期之中。这对于渺小的人类来说，不啻于可怕的灭顶之灾的提前到来。于是，人类组织了一个由8个人组成的"太阳营救小组"，付出了极大的代价，使太阳重现光芒

◆ 图2-8　条形风格的极简主义海报

《大白鲨（Jaws）》是1975年上映的一部美国惊悚电影，本片是史蒂文·斯皮尔伯格拍摄的经典影片之一，根据彼得·本奇利的同名小说改编。

电影讲述的是一个名叫艾米蒂岛的暑期度假小镇近海出现了一头巨大的食人大白鲨，多名游客命丧其口，当地警长在一名海洋生物学家和一位职业鲨鱼捕手的帮助下决心猎杀这条大白鲨

《盗梦空间（Inception）》是由克里斯托弗·诺兰执导的电影。影片剧情游走于梦境与现实之间，被定义为"发生在意识结构内的当代动作科幻片"。

影片讲述的是由莱昂纳多·迪卡普里奥扮演的造梦师，带领约瑟夫·高登·莱维特、艾伦·佩吉扮演的特工团队，进入他人梦境，从他人的潜意识中盗取机密，并重塑他人梦境的故事

◆ 图2-8　象形风格的极简主义海报（续）

2.3 图表（Diagram）

图表泛指在屏幕中显示的，可直观展示统计信息属性（时间性、数量性等），对知识挖掘和信息直观生动感受起关键作用的图形结构，是一种很好地将对象属性、数据直观形象表述的"可视化"手段。

在信息图中常常使用图表来描述趋势、组织结构、关系等。制作图表时，可以灵活使用箭头、符号、形状、连接线等。

在第一张图的中超俱乐部球员薪金投入对比数据中，利用了圆环作为坐标，通过弧线的长短来形成对比，同时，中心点以足球形象作为视觉焦点，绿色的圆环形成绿茵场的感觉，制造了一个添加其他信息的空间，能够让人一眼就能弄清主题，如图 2-9 所示。

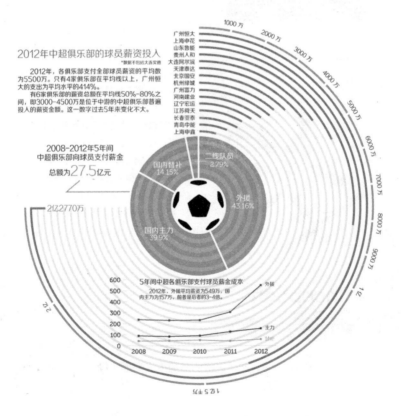

◆ 图 2-9　2012 年中超俱乐部的球员薪资投入

采用高楼剪影来排列，通过真实的图案或模拟事件的情景来表达，如图2-10所示。

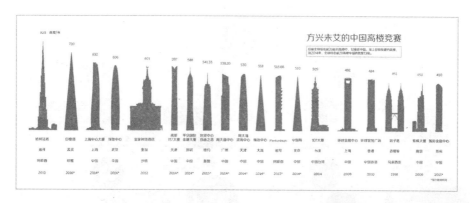

◆ 图2-10　方兴未艾的中国高楼竞赛

还有一些例子，如图2-11所示。

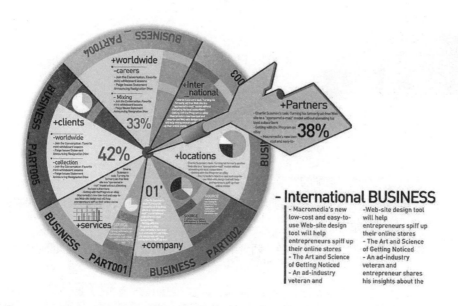

◆ 图2-11　图表

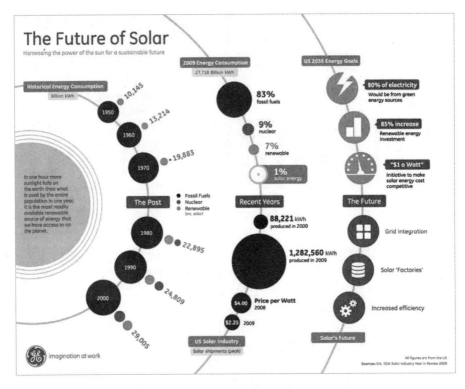

◆ 图2-11　图表（续）

2.4　色彩（Color）

先来看几个色彩搭配的例子。

红色系突显出热烈、紧急的感觉，急救就是件非常紧迫的事情，红色色调的运用十分恰当，如图2-12所示。

深灰色和白色都属于中间色，两者结合形成强烈对比，突出内容，如图2-13所示。

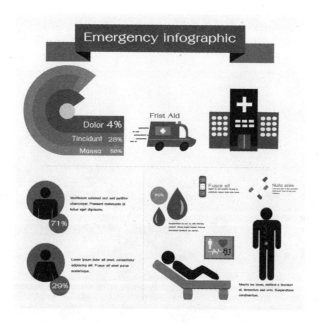

◆ 图 2-12　急救

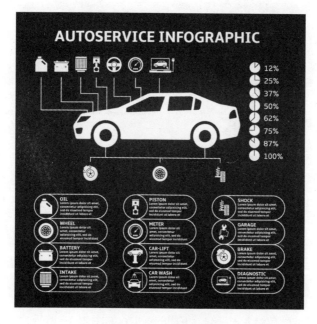

◆ 图 2-13　汽车服务

大地色搭配红色，给人朴实和古老之感，符合物种进化这样的主题，如图2-14所示。

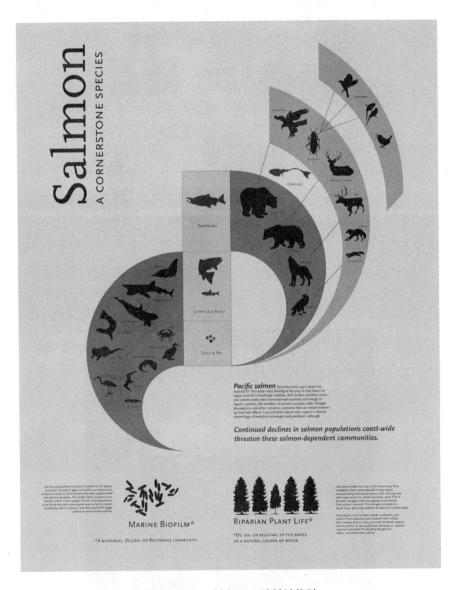

◆ 图2-14 鲑鱼：一种基础物种

蓝色系列的配色给人未来的、沉稳的感觉，如图2-15所示。

◆ 图 2-15　创意点

大地色搭配浅水绿色给人一种大自然的感觉，并且干净舒服，如图 2-16 所示。

◆ 图 2-16　生态信息图

信息图中的颜色运用当然也可以是丰富多样的，如图 2-17 所示。

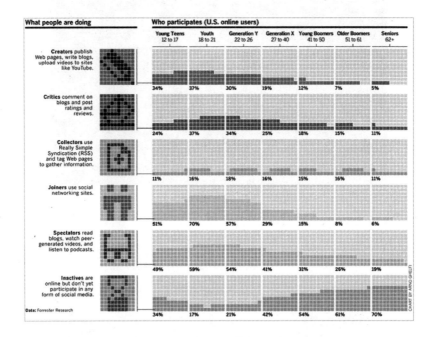

◆ 图 2-17　人们在做什么

专家提醒

　　根据色彩在心理上给人的感觉不同，人们将颜色划分为冷色和暖色。暖色给人的印象是生动的、激情的、有表现力的，给人感觉在空间位置靠前。冷色给人的印象是谨慎的、冷静的、产生平静感，给人感觉在空间位置靠后。黑白灰算中间色。

　　拿网易的"数读"举例来说，"数读"大部分的色调都不会超过 3 个。

　　如果有背景的话，最浅的色调作为背景，其余两种色调作为上面元素来设计。

　　在《比百度百科靠谱的维基百科》信息图中，通篇只用了 3 种颜色，就产生了良好的效果，如图 2-18 所示。

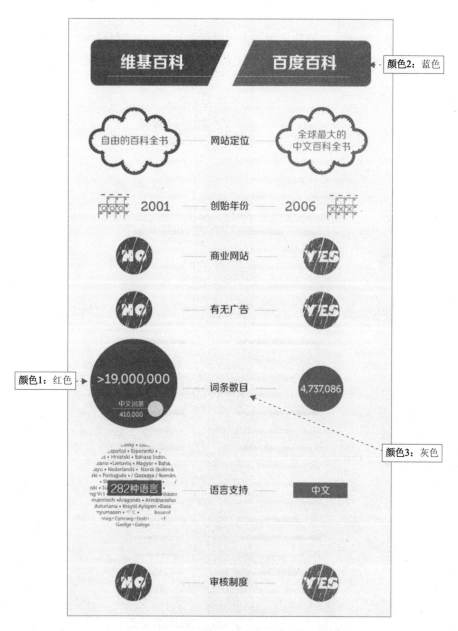

◆ 图 2-18　比百度百科靠谱的维基百科

在《全球雇员休假天数：中国倒数第三》信息图中，主要采用蓝色调与灰色调，如图 2-19 所示。

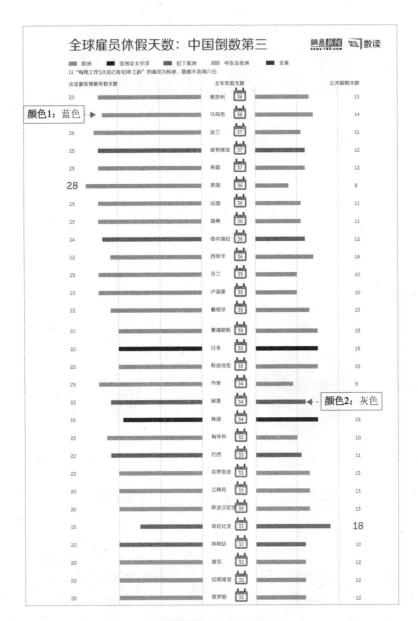

◆ 图 2-19　全球雇员休假天数：中国倒数第三（节选）

　　但在中国这一行，则采用突出的红色色调来强调，这是一个恰当的选择，通过这种强调，呼应了标题，这也是信息图的一个吸引力，能够产生"不比不知道，一比吓一跳"的感觉，如图 2-20 所示。

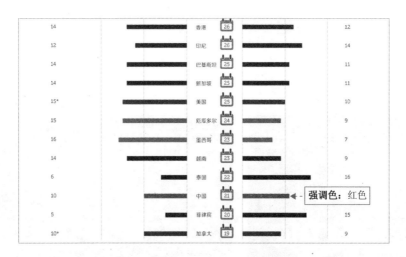

◆ 图 2-20　全球雇员休假天数：中国倒数第三（节选）

在《中国清廉指数全球排名第 75 位，低于男足排名》信息图中，所使用图表的颜色虽然初看有很多，但基本上就是绿色调及红色调。信息图虽然只使用了简单的柱状图，但由于是向下指向，又是由绿至红的过渡，形成了一种"地层"的视觉感，符合主题的气息，而男足的直线条则与柱状图表形成了形状及数据的双重对比，如图 2-21 所示。

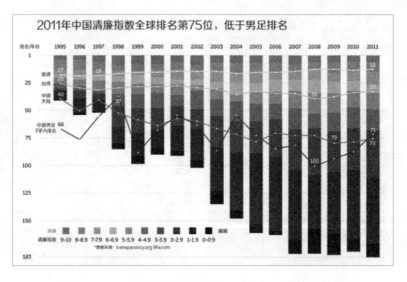

◆ 图 2-21　中国清廉指数全球排名第 75 位，低于男足排名

2.5 字体（Font）

首先来欣赏一组字体设计作品，感受一下字体的魅力，如图 2-22 所示。

◆ 图 2-22 字体的活用

在信息图中，文是图的进一步阐述，是为了让读者看得更明白，所以解释性的文字应该保证其字体的清晰度，不宜选择过于花哨的字体。

例如，在《18亿亩红线——安全的只是数字》信息图中，所有的文字都使用的是同一种字体，这使得信息图给人的感受清晰、干净，如图2-23所示。

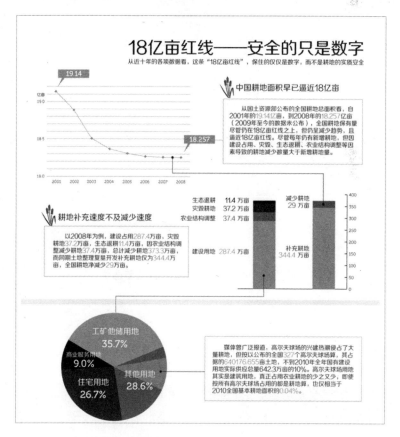

◆ 图2-23　18亿亩红线——安全的只是数字（节选）

当然，信息图的主标题或副标题采用另一种字体，甚至是多一些设计感的字体也是完全可以的，只要符合主题，好的字体设计还会为信息图加分，如图2-24所示。

在《我们脑中的时钟》信息图中，主标题和图中的说明性文字的字体和上述例子一样，字体是一样的，但是设计师在"脑"和"时"这两个字上加入了象形图元素，让人一看就知道重点是什么，且显得有意思

◆ 图2-24　我们脑中的时钟（节选）

2.6 布局（Layout）

布局是指设计人员根据设计主题和视觉需求，在预先设定好的有限版面内，运用造型要素和形式原则，根据特定主题与内容的需要，将文字、图片（图形）及色彩等视觉传达信息要素进行有组织、有目的的组合排列的设计行为与过程。

下面来看一组书籍内页的布局设计，如图 2-25 所示。

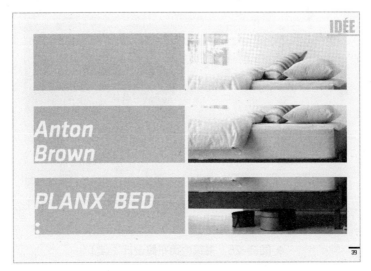

◆ 图 2-25　书籍内页布局设计

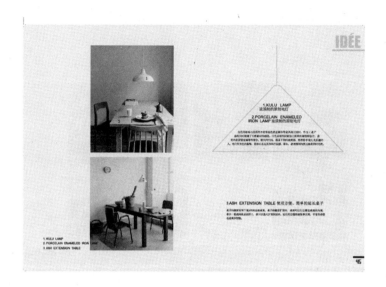

◆ 图2-25　书籍内页布局设计（续）

专家提醒

　　布局的设计师将理性思维，个性化地表现出一种具有个人风格和艺术特色的视觉传送方式。传达信息的同时，也能产生感官上的美感。

与其他的平面设计一样，在设计一些信息较多的信息图时，需要有一个视觉焦点，这样做会更容易使人认清主题，引起阅读的兴趣。

例如，《中国电影票价占人均收入 1/57，为美国的 8.5 倍》信息图，内容是通过数据来说明中国电影票价的昂贵。这样的主题切入点可以有很多，这个信息图的设计师选择了"爆米花"作为视觉焦点，再通过形象化的表达，传达出各种相关的数据，如图 2-26 所示。

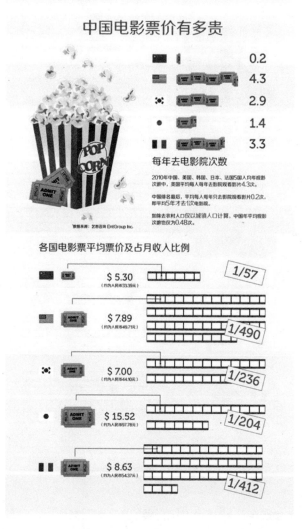

◆ 图 2-26　中国电影票价占人均收入 1/57，为美国的 8.5 倍

图表的排版使读者轻易能够知道阅读的顺序，如图 2-27 所示。

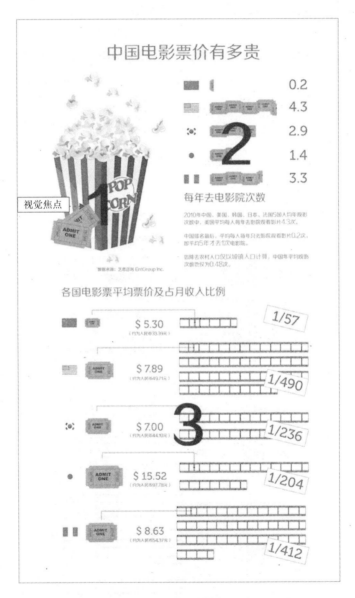

◆ 图 2-27　信息图阅读顺序

在《经济年会连连看》信息图中，充满了文字的图案布局，无疑让人印象深刻，如图 2-28 所示。

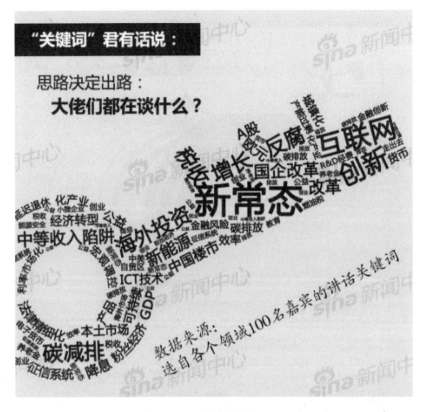

◆ 图 2-28　经济年会连连看（节选）

　　这个文字字体的大小交错布局是通过关键词的出现次数来决定的，这种设计本身就已经是一种数据传达，使整张信息图传达出来的含义就变得非常丰富。

2.7　快速信息图制作网站

　　下面向读者介绍 10 个信息图制作网站。

❶ Visual.Ly

　　这是一个非常好用的应用，你可以用它来快速创建自定义的信息图，它提供了大量其他用户制作的信息图，你不需要任何设计相关的知识，信息图效果图如图 2-29 所示。

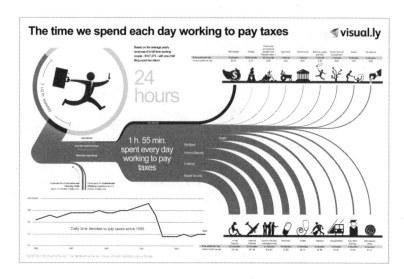

◆ 图 2-29　信息图

　　打开 Visual.Ly 所在的网站，如图 2-30 所示，用户可以在网站中选择信息图的类型，在页面中单击相应图标按钮即可。

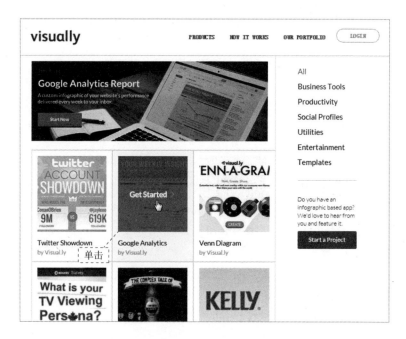

◆ 图 2-30　Visual.Ly 网站

❷ StatSilk

这个工具有网页版和桌面客户端两个版本，可以让你简易的分析数据，可以让你创建非常好看的地图、表格、图形以及各种视觉元素来展示数据。通过 StatPlanet 的 Flash 模板你可以创建 Flash 地图。

打开 StatSilk 所在的网站，如图 2-31 所示，用户可以在网站中选择信息图的类型，在页面中单击相应按钮即可。

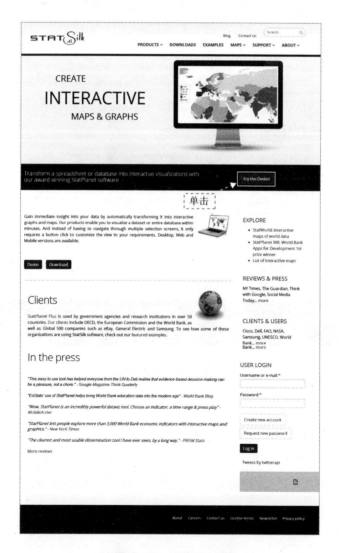

◆ 图 2-31　StatSilk 网站

单击【Try the Demo！】按钮，即可进入相应编辑界面，用户可以在界面中制作地图信息图，如图 2-32 所示。

◆ 图 2-32　编辑界面

❸ Infogr.Am

这个工具可以快速地创建静态的或者交互的信息图，需要导入数据，然后通过这个工具的各种功能来创建绚丽的图表，允许用户将数据传到网站上并将其解读成图标，允许用户自定义图形，并提供更多智能化界面展示信息，如图 2-33 所示。

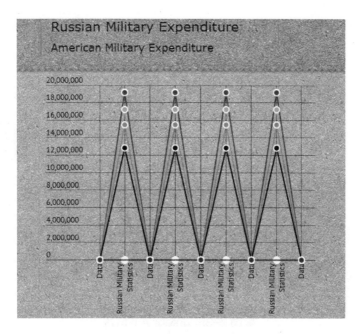

◆ 图 2-33 信息图

打开 Infogr.Am 所在的网站，如图 2-34 所示，单击【Join now，it's free！】按钮，即可进入登录界面，在其中输入密码和账号即可进入。

◆ 图 2-34 Infogr.Am 网站

拖动网页右侧的滚轮往下，以下是简化图表和图表 3 步骤，效果如图 2-35 所示。

◆ 图 2-35　Infogr.Am 网站

再往下拖动滚轮，下面是包含"互动与响应"、"实时数据"和"下载和嵌入"面板，如图 2-36 所示，单击左右两侧的按钮，即可切换界面，单击 Get started 按钮，即可进入登录界面。

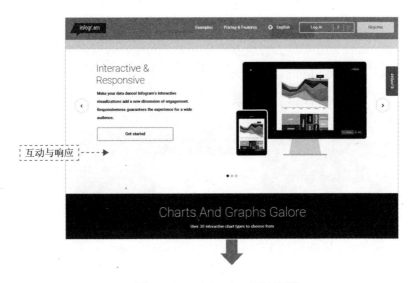

◆ 图 2-36　Infogr.Am 网站面板

◆ 图2-36 Infogr.Am 网站面板（续）

❹ Vizualize.Me

Vizualize.Me 是一个用来创建个人简历的工具，好看的、有创意的简历对找工作一定是有帮助的，制作效果如图2-37所示。

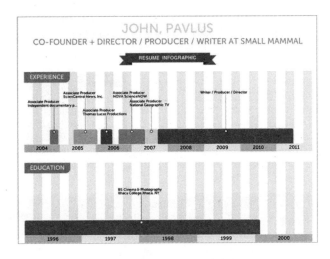

◆ 图 2-37　个人简历

打开 Vizualize.Me 所在的网站，如图 2-38 所示，用户可以在 Features 下方的面板中选择并单击相应模板，当然 Vizualize.Me 也是需要注册账号才能进入。

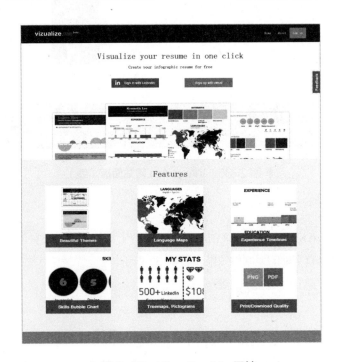

◆ 图 2-38　Vizualize.Me 网站

⑤ Gliffy

Gliffy 工具可以用来创建高质量的流程图，平面设计图和技术图表等，它可以支持拖动操作，制作效果如图 2-39 所示。

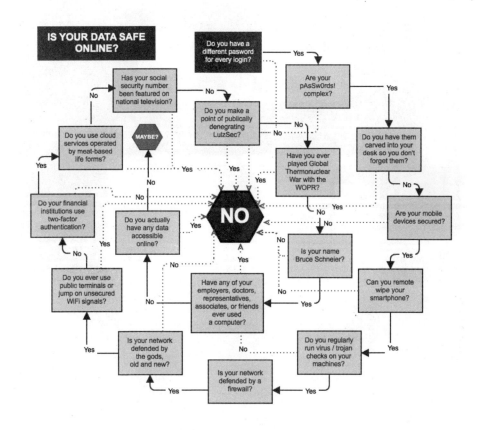

◆ 图 2-39　Gliffy 信息图

Gliffy 支持在线制作流程图，能够很好地支持中文，基础版本免费。在线制作的思维导图是公开的，高级版本有设置隐私权的权力，可以嵌入博客，办公室应用软件中，有很好的兼容性，其编辑的流程图图片可输出为 SVG、GPEG 格式。Gliffy 网站首页如图 2-40 所示。

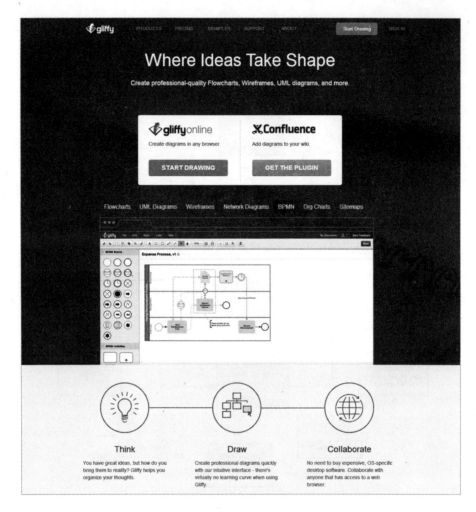

◆ **图 2-40　Gliffy 网站**

在网页的中间，将鼠标移动至相应的按钮上，即可切换至相应面板，如图2-41所示，网页有7个选项，分别为：Flowcharts（流程图）、UML Diagrams（UML图）、Wireframes（线框）、Network Diagrams（网络图）、BPMN（业务流程建模与标注）、Org Charts（组织结构图）和Sitemaps（站点地图），用户可以根据需要对其进行选择。

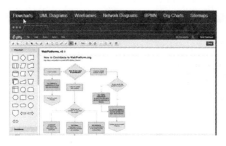 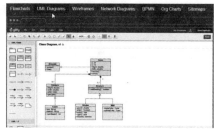

 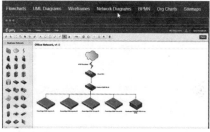

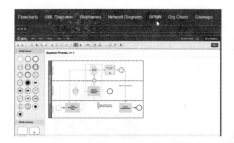 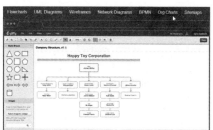

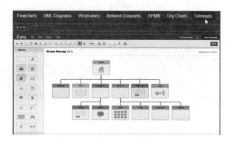

◆ 图 2-41　切换面板

在面板中的任意位置单击，即可进入编辑界面，如图 2-42 所示。

◆ 图 2-42　编辑界面

⑥ ICharts

ICharts 是一个通用型的图标创建工具，制作效果如图 2-43 所示。

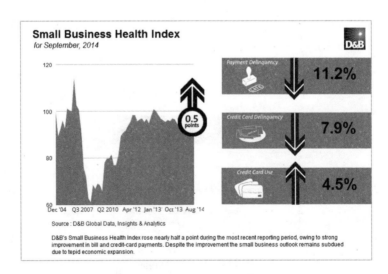

◆ 图 2-43　ICharts 信息图

ICharts 一个类似的功能强大的在线交互式 Flash 图标服务，目前不接受个人用户注册，不过用户可以直接引用其上面提供的 Flash 图表。ICharts 商业服务版本提供了更加丰富的功能。

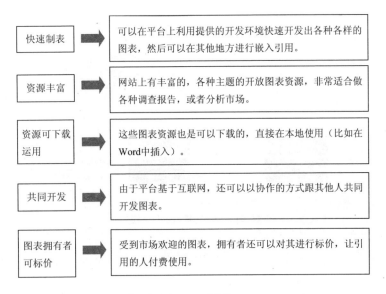

快速制表	→	可以在平台上利用提供的开发环境快速开发出各种各样的图表，然后可以在其他地方进行嵌入引用。
资源丰富	→	网站上有丰富的，各种主题的开放图表资源，非常适合做各种调查报告，或者分析市场。
资源可下载运用	→	这些图表资源也是可以下载的，直接在本地使用（比如在Word中插入）。
共同开发	→	由于平台基于互联网，还可以以协作的方式跟其他人共同开发图表。
图表拥有者可标价	→	受到市场欢迎的图表，拥有者还可以对其进行标价，让引用的人付费使用。

打开并进入 ICharts 网站，如图 2-44 所示。

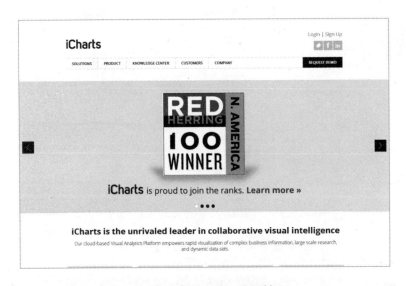

◆ 图 2-44　ICharts 网站

往下拖动滚轮，在【VIEW ALL】上单击，如图 2-45 所示。

◆ 图 2-45　ICharts 网站

执行上述操作后即可进入 ICharts 的模板选项界面，如图 2-46 所示。

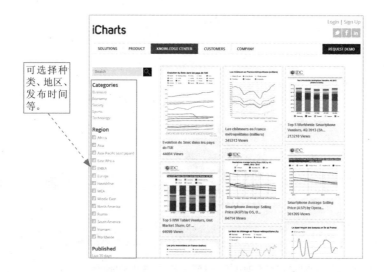

◆ 图 2-46　ICharts 模板选项界面

❼ Dipity

Dipity 是一个用时间轴来展示各种信息图的网站，可以在这里找到所需要的信息图，制作效果如图 2-47 所示。

Dipity 是一款基于 Timeline 的 Web 应用软件，用户可以将自己在网络上的各种社会性行为聚合并全部导入自己的 Dipity 时间轴上。

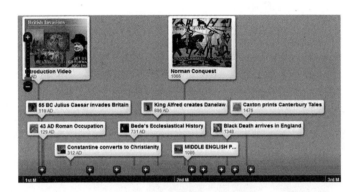

◆ 图 2-47　Dipity 信息图

⑧ Easel.Ly

Easel.Ly 是一个通过拖动操作创建信息图的工具，是个非常容易上手的应用，Easel.Ly 制作的信息图模板如图 2-48 所示。

◆ 图 2-48　Easel.Ly 信息图

打开并进入 Easel.Ly 网站界面，如图 2-49 所示，拖动右侧的滑动条，可对 Easel.Ly 网站界面进行浏览，界面下方有多个图标选项组成，单击相应图标选项即可进入相应模板的编辑窗口。

◆ 图 2-49　Easel.Ly 网站

进入编辑窗口后，可以选择添加 / 删除信息，还可以拖动一些素材至编辑面板作为点缀，如图 2-50 所示。

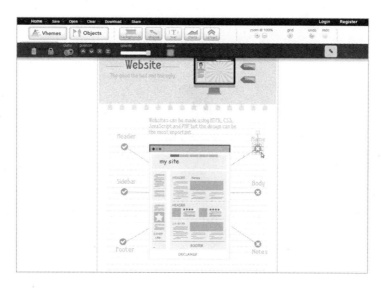

◆ 图 2-50　Easel.Ly 信息图模板

Easel.Ly 网站的信息图模板有很多种，用户可以根据需求选择。

❾ ChartsBin

ChartsBin 是一个用来创建互动地图的工具。打开并进入 ChartsBin 网站界面，如图 2-51 所示，拖动右侧的滑动条，可对 ChartsBin 网站界面进行浏览，界面下方有多个地图图表选项组成，单击地图图表选项即可进入相应的模板编辑窗口。

◆ 图 2-51　ChartsBin 网站

❿ Photo Stats

Photo Stats 是一个苹果手机 APP。这个应用分析你手机中拍摄的所有图片，在分析过后它会生成一个漂亮的图表，展示在哪里在什么时候拍摄的图片，可以知道拍照的习惯，并分享给家人和朋友，制作效果如图 2-52 所示。

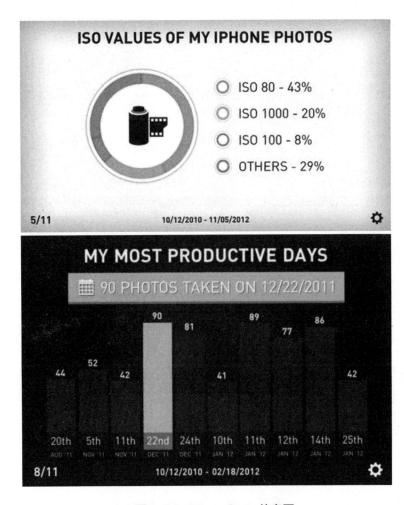

◆ 图 2-52 Photo Stats 信息图

　　照片统计可视化数据图表的应用可以随时随地为苹果手机上的照片创建清晰漂亮的信息数据图表。让用户随时随地了解照片状况，掌握趋势习惯，学习如何拍摄制作出更好的照片，还可以向别人炫耀拍照技能。

3

CHAPTER

图形符号
（Pictogram）

图 × 解 × 力

信息图表设计，一张图读懂枯燥数据

3.1 什么是图形符号

图形符号是文字的代替，是语言的图形补充，图形符号可以节省空间、缩短时间，并将信息提炼出来，做到最简化，如图 3-1 所示。

◆ **图 3-1　图形符号**

3.1.1　图形符号的特点

图形符号作为视觉化的图形语言，具有直观性、审美性、象征性和国际性的特点，如图 3-2 所示。

◆ **图 3-2　图形符号的特点**

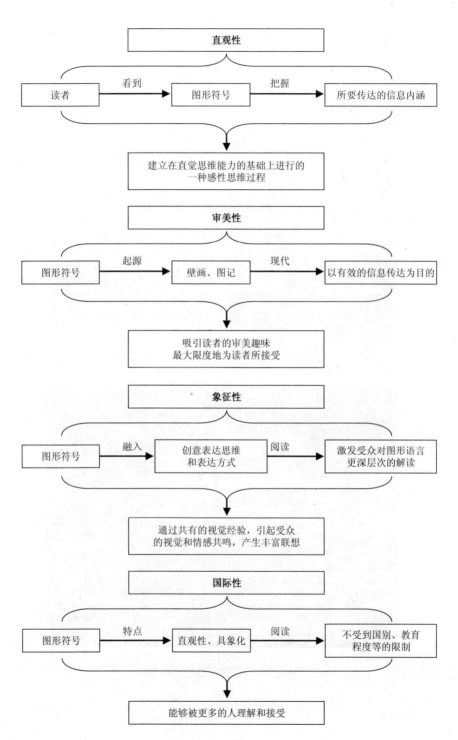

3.1.2 图形符号的应用

图形符号在生活中的应用范围很广，道路、车站、商业设施、公共基础设施等公众使用的场所都可以见到图形符号的身影，如图 3-3 所示。

◆ 图 3-3 图形符号的应用

除此之外，图形符号还在以下领域被广泛使用，如图 3-4 所示。

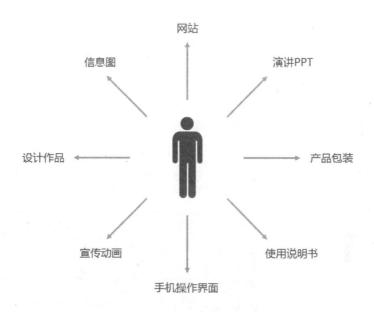

◆ 图 3-4　图形符号被广泛使用

图形符号的活用：

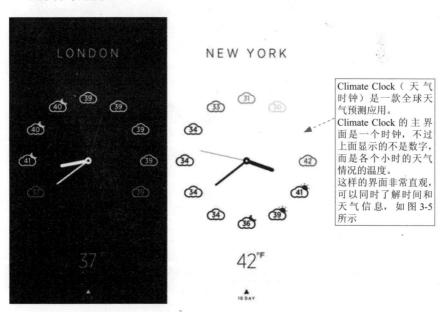

Climate Clock（天气时钟）是一款全球天气预测应用。
Climate Clock 的主界面是一个时钟，不过上面显示的不是数字，而是各个小时的天气情况的温度。
这样的界面非常直观，可以同时了解时间和天气信息，如图 3-5所示

◆ 图 3-5　Climate Clock 时钟

Aschan Deli 是一家以经营都市简餐和咖啡小食为主的餐饮品牌。他们希望通过简约时尚的创意理念为食客们带来一个便于交谈且舒适的用餐环境。

在这个理念的驱使下，Aschan Deli 将能够传达信息的图形符号标作为店面装饰的元素，这样既能做到简洁的修饰，也可以区别于同类的品牌。

整体的装修则采用木质材料，是希望营造出一种观感舒适且触感温暖的店面环境，如图 3-6 所示

◆ 图 3-6　Aschan Deli

UNIQLO 是 Unique 和 Clothing 这两个词的缩写，以"低价良品、品质保证"为经营理念。

这个优衣库网站的 APP 下载界面用图形符号说明下载 APP 的步骤，直观易懂，如图 3-7 所示

◆ 图 3-7　优衣库网站 APP 下载界面

许多生活在贫穷地域的儿童终年忍耐硝烟、疾病或是自然灾祸的困扰，童年生活缺少像样的文娱品。

为了更好地重视贫穷地域的儿童，关心他们的成长情况，有关组织提出了将医疗救援与儿童足球结合在一同的"梦想足球"（Dream Ball）方案。依据包装的大小不一样，组成的游戏用球大小也会有所不一样。"梦想足球"这一方案不只充分使用了被废弃的包装材料，还十分贴心地为贫穷地区的孩子们送去了童年的欢乐，如图3-8所示

◆ 图3-8 "梦想足球"包装

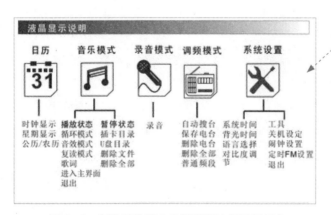

这是一个便携迷你插卡音箱的使用说明书的一部分，这一部分的内容使用了图形符号表示液晶显示说明的相关内容，十分形象，如图3-9所示

◆ 图3-9 便携迷你插卡音箱说明液晶显示部分

手机界面的图形符号给用户传达的是最直接的信息价值。

用户在使用手机的时候，需要很直观的图形信息传达。所以设计师在设计的时候，会考虑用最简单的设计方式，让用户知道这个信息。

比如，这个"烫伤"的图形符号，用火的图形来表示，很好地传递了这个图形的寓意。

为什么说这样的图形设计能够很容易被受众接受呢？很重要的一点就是设计师能够抓住受众的"记忆"这个特点。这对设计师来说是进行图形设计的最好办法，其他的手机界面图形都是抓取了受众的这个点来进行设计的，如图 3-10 所示

◆ 图 3-10　手机界面设计作品

这是一个用图形符号来直接阐述的演讲 PPT，简洁明了，如图 3-11 所示

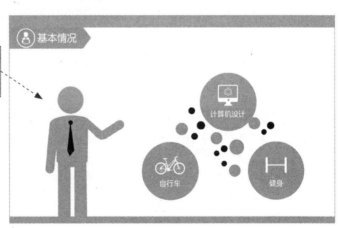

◆ 图 3-11　演讲 PPT

3.1.3　图形符号的内涵

图形符号的内涵如下。

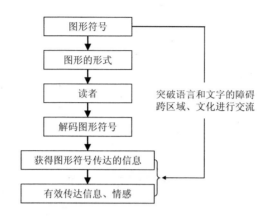

图形符号通过简洁、有效的元素表达丰富的内涵。

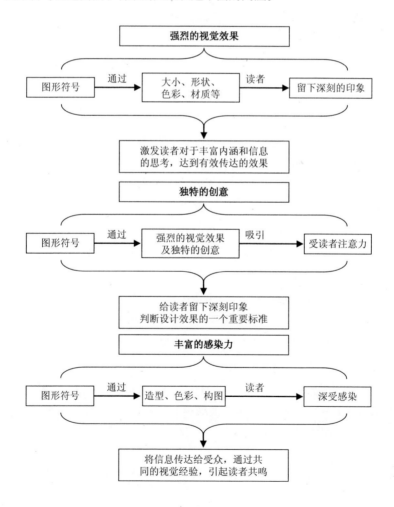

3.1.4　制作图形符号必备的能力

制作图形符号必备的能力主要有两种，一种是分析能力，另一种是设计能力，如图 3-12 所示。

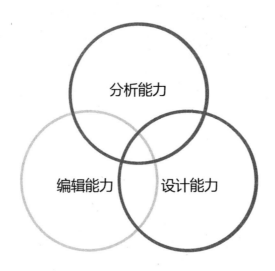

◆ 图 3-12　制作图形符号必备的能力

由于图形符号是一种图像化的表现形式，所以设计能力在图形符号制作中的重要性就不难理解了，重点说说为什么还需要分析能力。

以 ISOTYPE 为例，ISOTYPE 全称"International System of Typographic Picture Education"（国际图形语言教育系统），这个系统是由奥地利哲学家和社会学家 Otto Neurath（奥图·纽拉特）和设计师格鲁德·阿伦兹（Gerd Amtz）在 1925 年发布的。这一系统的提出目的是为了利用"语言似的"图形设计，达到教育目的。那么，为什么需要两个不同专业的人来完成呢？

比如，我们都知道奥运会的竞技项目分别有对应的图形符号，那么对每个项目特点的捕捉是不是一种分析能力呢？

所以，如果没有对图形符号的分析能力，有再卓越的设计能力也算是白搭，设计出来的图形符号作品一定是缺少灵魂的。

3.1.5　图形符号的制作原则

图形符号有三大制作原则：认知原则、交流原则及美学原则，如图 3-13 所示。

◆ 图 3-13　图形符号的制作原则

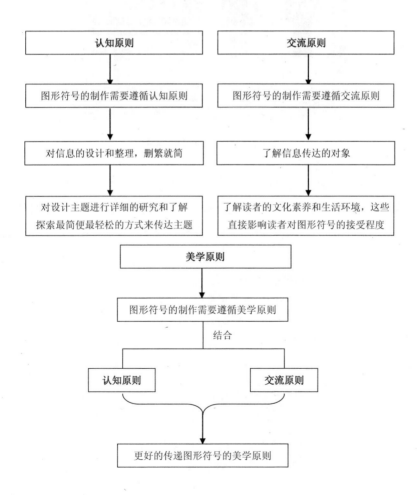

3.1.6 图形符号的制作流程

制作图形符号的时候，最重要的是要考虑这些是给谁看的，如何才能准确地传达符号所代表的含义。例如，在公共场所的安全出口、洗手间、铁道站台或者售票处、停车场等地方，图形符号的使用者为"不特定多数人"，因此，即使人们的年龄、国际、文化存在差异，符号也绝不能产生歧义。也就是说，设计目标应该是制作不需要文字就能理解的符号，如图 3-14 所示。

◆ 图 3-14　简单图形符号

在公共场所，能将图形符号统一起来是最理想的，但是，如果过分拘泥于任何人都能理解的设计，表现的空间就会随之变小，可能会对设计的创造性和自由度造成制约。比如，杂志、书籍、广告、私有空间等肯定是不要求所有人都能理解的，只要目标人群或是某些圈子里的人能够明白就可以了。制作图形符号的时候，必须先把受众和目的弄明确，然后再动手。

制作图形符号的另一制作标准是要醒目，如果因为图形和背景融为一体而无法引起人们的注意，那就完全失去意义了。

此外，制作时要尽可能避免使用文字，即使缩小后也能是简单图形，这一点也很重要。如此一来，必须出现在图案中的要素和即使省略也不影响理解的要素，它们之间的临界点就能渐渐显现出来了。

专家提醒

不会插画也是能够制作图形符号的，图形符号并不一定只有通过插画才能表现，简单的几何图形也可以组合成图形符号，如图3-15(右)所示。

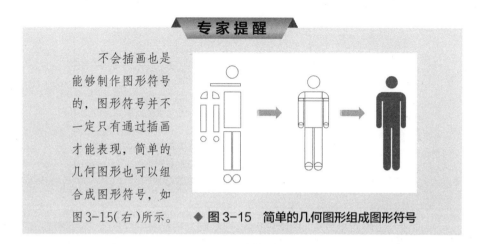

◆ 图 3-15　简单的几何图形组成图形符号

图形符号的制作流程大致分为三大部分，如图 3-16 所示。

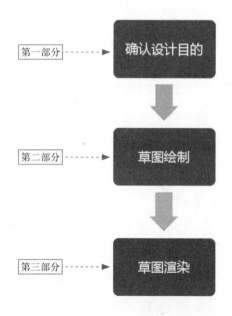

第一部分 ----▶ 确认设计目的

第二部分 ----▶ 草图绘制

第三部分 ----▶ 草图渲染

◆ 图 3-16　图形符号的制作流程

❶ 确认设计目的

无论是进行什么样的设计，都需要明确设计这个东西的目的，如果没有一个目的，可能设计就会走偏。

设计的目的主要是从以下 4 点来确定。

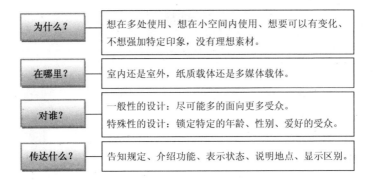

为什么？	想在多处使用、想在小空间内使用、想要可以有变化、不想强加特定印象，没有理想素材。
在哪里？	室内还是室外，纸质载体还是多媒体载体。
对谁？	一般性的设计：尽可能多的面向更多受众。 特殊性的设计：锁定特定的年龄、性别、爱好的受众。
传达什么？	告知规定、介绍功能、表示状态、说明地点、显示区别。

❷ 草图绘制

草图绘制阶段就是以提取出的关键词为基础，将脑海中浮现出来的图案画成草图。画草图的关键在于使用纸张、铅笔、水笔等工具制作，如果一开始就用软件画图，会限制思路的拓展。

草图的最大目就是让我们尽可能多地表达可能性，不过不必将所有关键词都放入草图中，选出 3 ~ 5 个关键词是比较理想的。

例如，在设计"工具"功能图标时，会想到与工具相关的具体事物，比如"铁锤"、"起子"、"工具箱"等，再通过视觉平衡原理合理布置这些部分之间的主次、空间关系，如图 3-17 所示。

◆ 图 3-17 草图绘制

专家提醒

需要注意的是：不可随便使用与要表达功能相关的图形或物体，要经过精心的挑选，最好是大家熟悉、易记的物或形，毕竟我们的目的是要帮助用户更形象地理解图标的内在功能含义，以易记、易懂为前提。也不能借助过多的图形来表达图形符号含义，过于复杂反而影响用户的理解。

❸ 草图渲染阶段

一般我们用 Photoshop、Illustrator 等软件来绘制图标，主要是看个人使用软件的习惯以及对软件的熟悉程度。下面来看一下草图渲染的过程，如图 3-18 所示。

◆ 图 3-18　草图渲染

3.2 信息图中图形符号的应用技巧

下面介绍信息图中图形符号的应用技巧。

3.2.1 灵活选择颜文字、绘文字

❶ 颜文字

颜文字的使用兴起于日本，"颜"字意为脸庞，"颜文字"就是指用文字和符号组成表情或图案来表达撰写者心情的表情符号，如图 3-19 所示。

、(#`Д´)ノ	Σ(▼□▼メ)	生气
(/Д`)	m (. _ .) m	抱歉
(´·_·`)	ゞ(´･･`｡)ノ"	困惑
∧(;´Д`∧)	~(>_<｡)＼	挫败
＼(^∀^)メ(^∀^)ノ		朋友
＼⌐O⌐	(⌐▽⌐)ノ	打招呼
.ₒ•ᴥ•ₒ.	ゞ(@^▽^@)ノ	开心
(●♡∀♡)	(ღ˘⌣˘ღ)	喜爱
o(π﹏π)o	p(´∩｀.q)	伤心
Σ(°Д° ;)	＼(>o<)/	惊吓

◆ **图 3-19　颜文字**

❷ 绘文字

绘文字是指图形文字，即用实际的图形、图像代替文字表达情感，也就是我们在手机上常用的"表情"。

追溯历史，将绘文字使用于手机上，这一举动最早也起源于日本。

1999 年 2 月，docomo 手机启用了 177 个绘文字，这就是绘文字的起源，如图 3-20 所示

1999年2月

docomo手机启用了177个绘文字

◆ 图 3-20　绘文字的起源

2011 年之后，随着 iPhone 在全世界范围内投入使用带有「emoji」的文字键盘，绘文字也开始在世界范围内被广泛使用，如图 3-21 所示

2011年

iPhone让「emoji」文字键盘
在世界范围内广泛使用

◆ 图 3-21　绘文字的普及

2014 年 8 月，牛津词典在线 版（Oxford Dictionary Online）把"emoji"添加在新词汇中，这也意味着它已经变成一个正式词汇，如图 3-22 所示

2014年8月
牛津词典在线版
把"emoji"添加的新词汇中

◆ **图 3-22** emoji 正式成为词汇

颜文字、绘文字可以生动、形象地表达内心想法，通过使用各种表情符号，可以让沟通变得更为简单、活泼。有时候图形符号的使用不够方便直接，可以尝试使用颜文字和绘文字。

3.2.2 从网络上查找图形符号

图形符号不仅可以自己设计，还可以通过网上下载使用，但是需要注意的是，网上下载的很多图形符号是有版权的，使用时要注意查看相关说明。

下面介绍一些下载图形符号的网站。

◆ 图3-23　the noun project

www.thenounproject.com，如图 3-23 所示

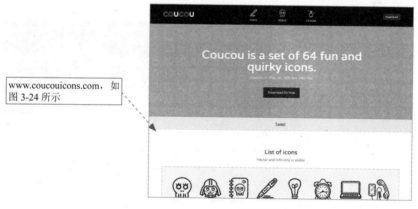

◆ 图3-24　coucou

www.coucouicons.com，如图 3-24 所示

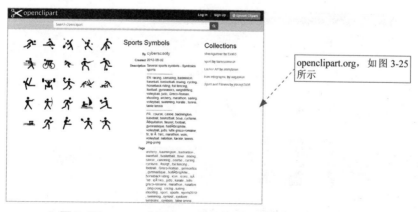

◆ 图3-25　openclipart

openclipart.org，如图 3-25 所示

www.clker.com，如图 3-26
所示

◆ 图 3-26　clker

3.2.3　灵活使用 SVG 格式的图形符号

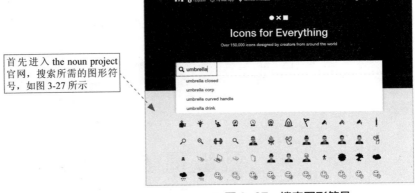

首先进入 the noun project
官网，搜索所需的图形符
号，如图 3-27 所示

◆ 图 3-27　搜索图形符号

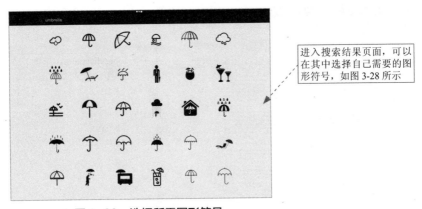

进入搜索结果页面，可以
在其中选择自己需要的图
形符号，如图 3-28 所示

◆ 图 3-28　选择所需图形符号

单击【下载】按钮，即可
进入下载文件格式界面，
如图 3-29 所示

◆ 图 3-29 单击【下载】按钮

选择【SVG】格式，并保
存在电脑的相应位置，如
图 3-30 所示

◆ 图 3-30 单击【下载】按钮

在 AI 中打开文件，可以
修改图形符号的颜色，如
图 3-31 所示

◆ 图 3-31 单击【下载】按钮

修改好颜色后，选择"存储为 Microsoft Office 所用格式"选项，如图 3-32 所示

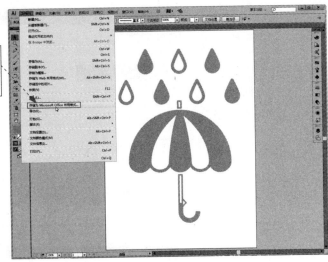

◆ 图 3-32　选择"存储为 Microsoft Office 所用格式"选项

保存的文件可以直接拖入 PPT 中使用，如图 3-33 所示

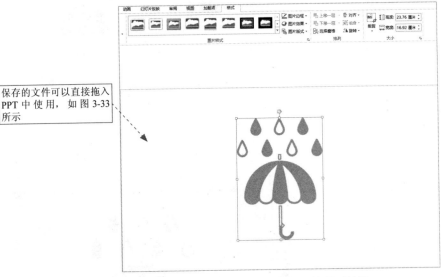

◆ 图 3-33　使用修改的图形符号

3.2.4　用基本图形组合事物

我们常见的事物一般是由三角形、矩形、圆形等基本图形构成，同样的，我们可以在 PPT 里利用这些基本图形组合事物。

下面以房子为例来看看怎么用基本图形组合事物。

首先想象一下平常所见的房子有什么样的轮廓特点，其次绘制出房子的基本轮廓，如图 3-34 所示

◆ 图 3-34 房子轮廓

在房子的基本轮廓里添加门、窗，注意保持正确的比例，如图 3-35 所示

◆ 图 3-35 添加门窗

进一步绘制房子的侧面，制造房子的立体感，如图 3-36 所示

◆ 图 3-36 绘制侧面

将侧面组合起来，调整颜色即可组合成房子，如图 3-37 所示

◆ 图 3-37　组合

3.2.5　用基本图形组合人物

　　人物的组合形式比事物更为复杂，因为多了很多弧形的元素，不过可以将其简化，利用多种基本图形组合。

　　下面介绍利用圆形、矩形等基本图形组合人物动作的方法。

首先绘制人物头部，头部由圆形表示，头上戴的帽子由圆角矩形表示，如图 3-38 所示

◆ 图 3-38　人物头部

用矩形和圆形组合成身体和腿部，如图 3-39 所示

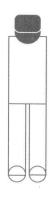

◆ 图 3-39　身体和腿部

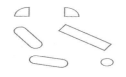

手部有"请进"这样的动作，所以表达起来比较复杂，如图 3-40 所示

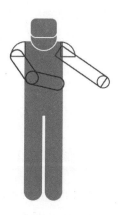

◆ 图 3-40　手部

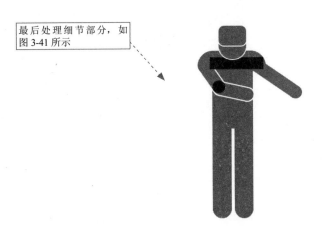

最后处理细节部分，如图 3-41 所示

◆ 图 3-41　添加填充部分

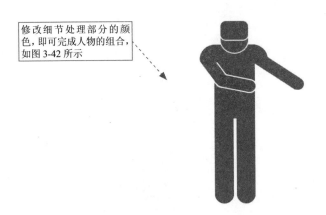

修改细节处理部分的颜色，即可完成人物的组合，如图 3-42 所示

◆ 图 3-42　完成组合

3.2.6　用图形符号聚集表达事物

聚集型图形是一种多元素构成的创意图形。在信息图的设计中，这种图形可以用来强调某种事物的特质或组成情况。

下面介绍用图形符号聚集表达事物的方法。

首先绘制瓶子的形状，当然你也可以直接从网上下载图形，如图3-43所示

◆ 图 3-43　瓶子形状

假设这个瓶子里装的是混合果汁，由3种水果组成，那么，你可以找到3种水果的图形符号，如图3-44所示

◆ 图 3-44　找到相应素材

复制多个水果图形符号，并将其有序地排列起来，如图3-45所示

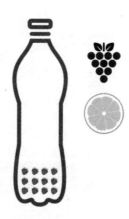

◆ 图 3-45　排列

用同样的方法将其他水果图形符号排列进去即可，水果的多少还可以表示果汁的成分，如图3-46 所示

◆ 图 3-46　完成组合

3.3　图形符号案例作品展示

在用图形符号表达这个方面，奥托·艾舍（Otl Aicher）绝对是厉害的角色。

奥托·艾舍（Otl Aicher），是德国 20 世纪最有影响力的设计师之一，同时也是国际知名的设计师，是第二次世界大战后前西德的重要设计师，为慕尼黑奥运会从制服到入场券都做出了完整的设计，成为赛事标准化视觉图形识别的经典传统。他是慕尼黑奥运组委会的代表之一，他创造了现今国际上广为传播的象形符号（Pictogram）系统作为导向，如图 3-47 所示。

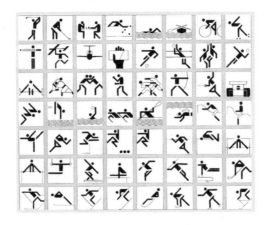

◆ 图 3-47　慕尼黑奥运会项目象形图

下面还有一些奥托·艾舍（Otl Aicher）的其他优秀作品，如图 3-48 所示。

◆ 图 3-48　其他作品

下面是位于意大利米兰的设计工作室 H-57 的图形符号信息图海报作品，用简单的图形直接地告诉了观赏者每张海报的主题，并完整描述了一个真实或是虚拟的历史事件，如图 3-49 所示。

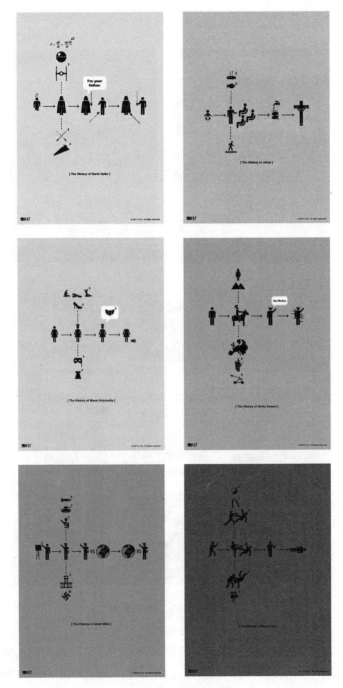

◆ 图 3-49　H-57 工作室的图形符号信息图海报作品

其他信息图展示，如图 3-50 所示。

◆ 图 3-50　其他信息图

CHAPTER 4

图表
（Diagram）

图 × 解 × 力
信息图表设计，一张图读懂枯燥数据

4.1 什么是图表

图表是以抽象图形为元素，将数据类信息视觉化的一种信息表现形式，它能够将信息简单直观地呈现给读者。

图表和图形符号一样，都是抓住想要传达的信息本质，将事物简单化。

4.1.1 制作图表必备的能力

对图表来说，分析能力和编辑能力是不可或缺的，如图 4-1 所示。

◆ **图 4-1 制作图表必备的能力**

制作图表前，需要从众多信息中提取出可信度较高的内容，并引导出它们之间的关系，这就是图表的分析能力。而编辑能力则是设定图表的主题，需要思考如何将内容用合乎逻辑的方式表现出来。

设计能力固然能为图表的设计加分，但并不是必要的条件。

4.1.2 信息图图表的类型

图表是以抽象图形符号为元素，将数据类信息进行可视化处理的一种信息表现形式，它能够将信息简单直观地呈现给读者。

按照信息图图表的形式特点，我们把图表分为 5 种类型——关系流程类型、叙事插图类型、树型结构类型、时间分布类型及空间结构类型。

信息图的图表都是运用序列、对比、图解、标注、连接等表述方式，使视觉化元素融入信息中，使信息的传达更为直接、美观。

❶ 关系流程类型

借助图形符号可以用来展示语言表述不清晰的事物或逻辑关系，在表示关系流程方面，不仅可以突出表述的亮点和事件的主干，还能让表达的主题和思路更清晰，如图4-2所示。

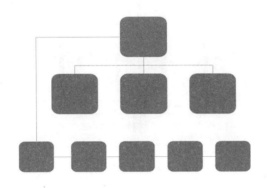

◆ **图4-2 关系流程类图表**

❷ 叙事插图类型

叙事类型的图表信息是随着时间变化而不断变化的，其强调的是时间线索上的信息，插图类型的图表是用图形符号来直观表达信息，如图4-3所示。

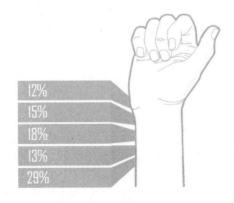

◆ **图4-3 叙事插图型图表**

❸ 树状结构类型

树状结构类型的图表就像树的分枝一样，把散落的分支信息整合起来，最后总合起来将复杂的信息表达得有序、清楚，如图 4-4 所示。

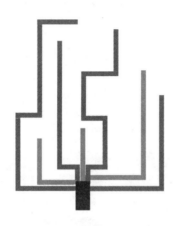

◆ 图 4-4　树状结构示意图

❹ 时间表述类型

时间表述类型的图表是在时间轴上添加重要事件的文字及相应的数据，这样的形式可以加强理解，如图 4-5 所示。

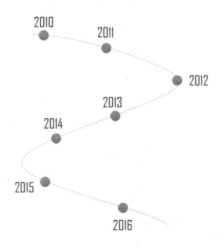

◆ 图 4-5　时间表述类示意图

❺ 空间结构类型

空间结构类型的图表是图表的立体表现形态，是运用可视化形式将繁杂的结构进行虚拟空间化的展示，如图 4-6 所示。

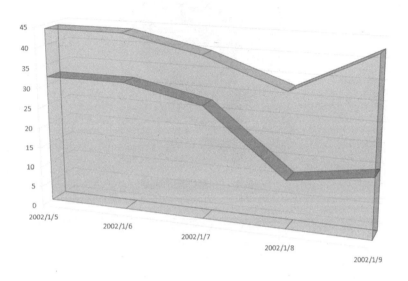

◆ 图 4-6　空间结构类示意图

4.1.3　图表的制作流程

图表制作的流程主要有以下几点。

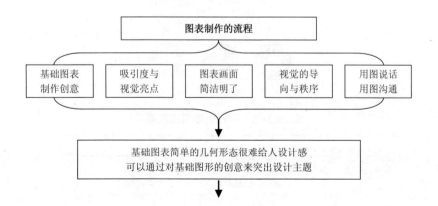

在下面的图片中，制作者把普通的饼图数据组合成了图形，如图4-7所示

◆ 图 4-7　基础图形创意

图表需要有很好的表现力，以最直观的方式去设计图表，传达所要展现的信息内容

下面用风趣幽默的表现手法，形象表达了时下最新的热点，如图4-8所示

◆ 图 4-8　高吸引度与视觉亮点

图表设计具有直观、形象、准确、明了的特点，在传达信息时要保持可读性和条理性

下面图表简化了表格信息的同时让人身临其境，如图4-9所示

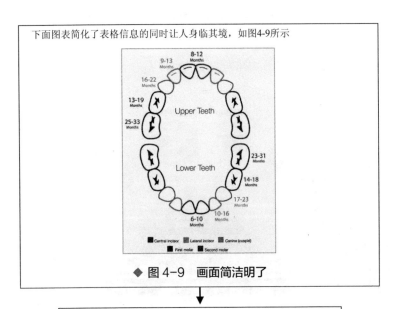

◆ 图4-9　画面简洁明了

遵循视觉导向规律的图表设计往往可以提高
人们对信息的理解力，给人舒适的阅读感受

下面图表的版面设计充分尊重人们的阅读习惯，如图4-10所示

◆ 图4-10　视觉导向与秩序

在图表设计中，尽可能少用文字来
表达信息含义，要用图说话，用图沟通

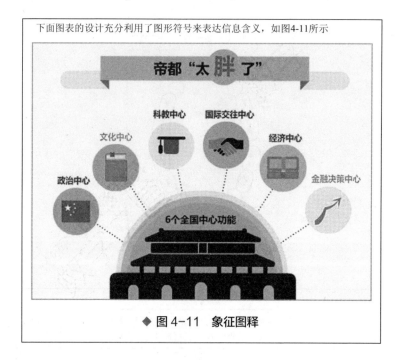

下面图表的设计充分利用了图形符号来表达信息含义，如图4-11所示

◆ 图4-11　象征图释

4.2 条（柱）形图表应用技巧

条（柱）形图是表现数据的基本图表，在信息图中有着各式各样的应用，下面来介绍一下条（柱）形图表的应用技巧。

4.2.1　改变条（柱）形形态

制作好基本的条（柱）形图表，再经过简单的操作，就可以改变条（柱）形形态，创建出各种符合主题的条（柱）形图表。

下面以《什么是购买力平价》信息图里的相关数据为例，介绍具体做法。

首先利用 PPT 里自带的图表工具绘制出基本的条形图，如图 4-12 所示

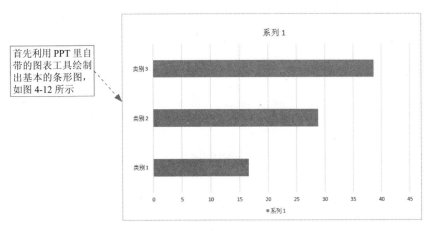

◆ 图 4-12　绘制基本条形图

选择合适的形状，绘制出与数据对应长度的条形图，如图 4-13 所示

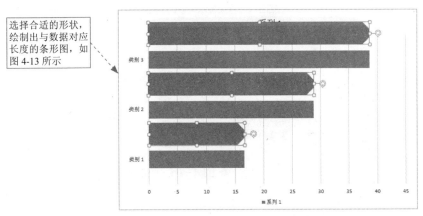

◆ 图 4-13　绘制变形形状条形图

将基本图表删去，设置改变形状的条形图的颜色，并添加标签的洞口，如图 4-14 所示

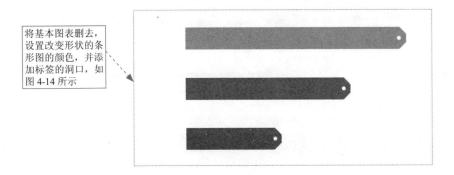

◆ 图 4-14　设置颜色

在条形图的前端插入汉堡图形，如图4-15所示

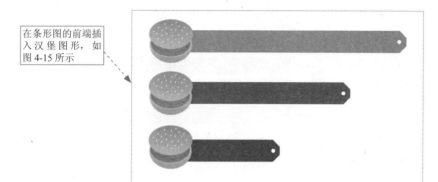

◆ 图4-15　添加汉堡图形

在相应的位置添加文字及数据标签，如图4-16所示

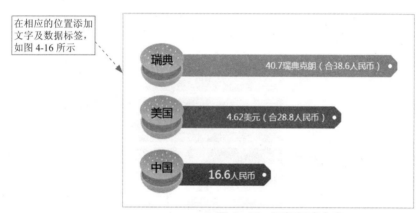

瑞典　40.7瑞典克朗（合38.6人民币）

美国　4.62美元（合28.8人民币）

中国　16.6人民币

◆ 图4-16　添加相应文字

添加标题即可完成改变。这个数据表明了同样的钱在不同地方能买到的东西不一样，如图4-17所示

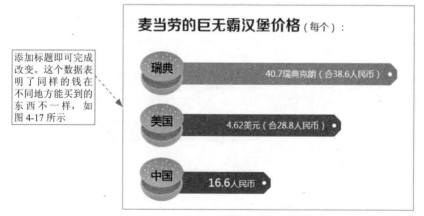

麦当劳的巨无霸汉堡价格（每个）：

瑞典　40.7瑞典克朗（合38.6人民币）

美国　4.62美元（合28.8人民币）

中国　16.6人民币

◆ 图4-17　添加标题

类似的例子还有很多，如图 4-18 所示。

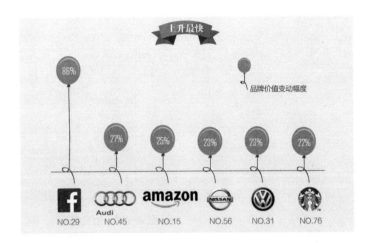

◆ 图 4-18　图说 2014 年全球百大品牌榜（节选）

4.2.2　在条（柱）形图中填充图形符号

图形符号是制作图表常用到的元素，图形符号填充到图表中的信息表达效果非常好。下面介绍具体操作。

首先需要绘制填充的人物图案。

在 PPT 中插入基本形状，这些基本形状是构成人物的基础构架，如图 4-19 所示

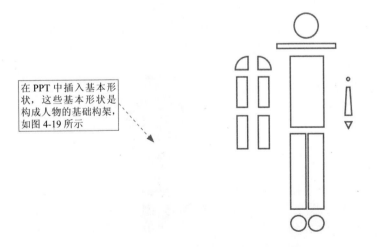

◆ 图 4-19　绘制人物的基本结构

选中人物基础构架中
能组合在一起的部分，
右击，在快捷菜单中
选择"组合"选项，
这样有利于之后的操
作，如图 4-20 所示

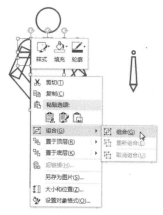

◆ 图 4-20　组合部分

将组合起来的各个部
分拼接起来，如图 4-21
所示

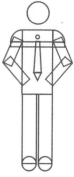

◆ 图 4-21　将图形的各个部分拼接起来

修改图形颜色，如
图 4-22 所示

◆ 图 4-22　修改颜色

利用 PPT 里自带的图
表工具绘制出基本的柱
形图，如图 4-23 所示

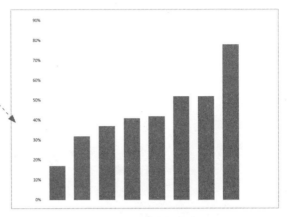

◆ 图 4-23　绘制基本柱形图

将图形复制粘贴，填
充到柱形图里，如
图 4-24 所示

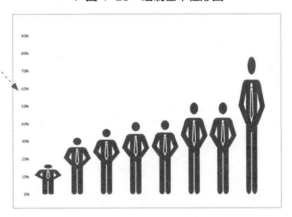

◆ 图 4-24　绘制变形形状条形图

修改人物图案的颜色，
如图 4-25 所示

◆ 图 4-25　设置颜色

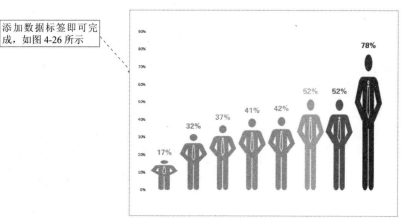

添加数据标签即可完成，如图 4-26 所示

◆ 图 4-26　添加数据标签

4.2.3　条（柱）形图的立体表现

制作条（柱）形图表时，可以把笔直的数据图做成立体处理。立体的效果会比平面效果看起来更具美观性。

下面介绍具体操作。

利用 PPT 里自带的图表工具绘制出基本的柱形图，如图 4-27 所示

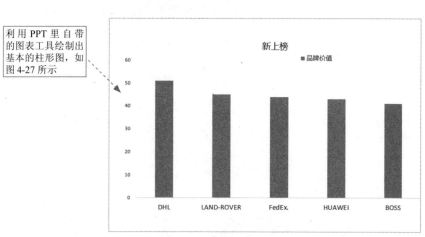

◆ 图 4-27　绘制基本柱形图

修改柱形图的颜色，如图 4-28 所示

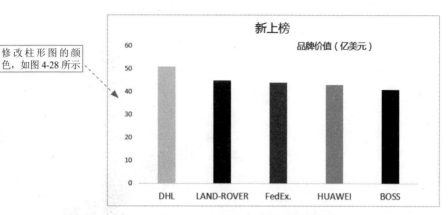

◆ 图 4-28 修改颜色

与技巧 1 部分一样，用矩形将数据图按比例排列出来，然后选择"离轴 1 上"的形状效果，如图 4-29 所示

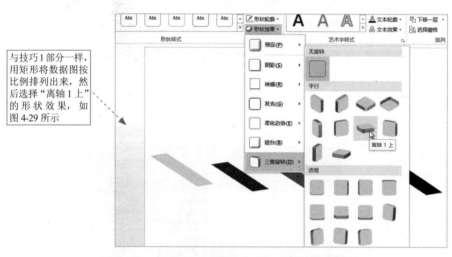

◆ 图 4-29 设置形状效果

应用形状效果之后，将形状重新排列，并在"三维格式"中，设置"深度"为 30 磅，"材料"为"半透明"里的"最浅"，如图 4-30 所示

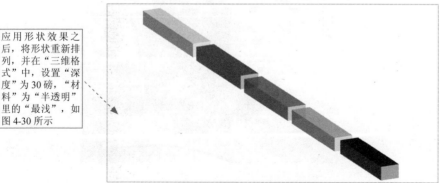

◆ 图 4-30 设置三维格式

添加数据标签，即
可完成立体效果制
作，如图4-31所示

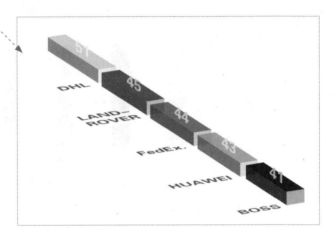

◆ 图4-31 添加数据标签

相似的信息图还有很多，如图4-32所示。

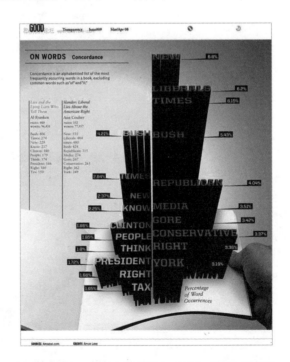

◆ 图4-32 类似立体效果条（柱）形图表信息图

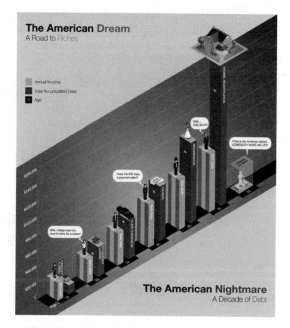

◆ 图4-32 类似立体效果条（柱）形图表信息图（续）

4.2.4 条（柱）形图的重复表现

在制作信息图表时，单一的条状或柱状看起来会非常平淡，通过图案的重复使用表现数据会让人眼前一亮。下面以《什么是购买力平价》信息图为例介绍具体操作。

首先需要把汉堡包的图案在 Photoshop 中进行"滤镜"|"风格化"|"查找边缘"处理，如图4-33所示

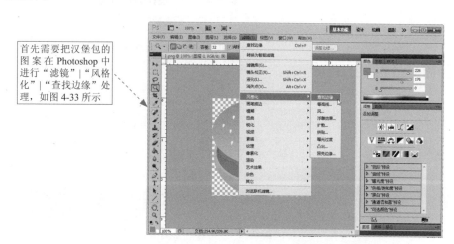

◆ 图4-33 使用滤镜处理图案

调整图案的色相饱和
度，如图 4-34 所示。
再用同样的方法调出
黄色和蓝色的图案

◆ 图 4-34　调整色相饱和度

先将标题和说明文字
设计好，如图 4-35
所示

◆ 图 4-35　设计标题与说明文字

插入调整过的图案，
并复制相应个数，如
图 4-36 所示

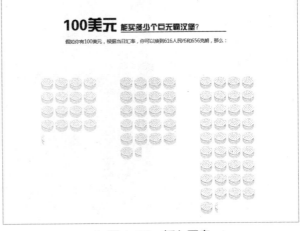

◆ 图 4-36　插入图案

在相应的位置上添加数据标签即可，如图 4-37 所示

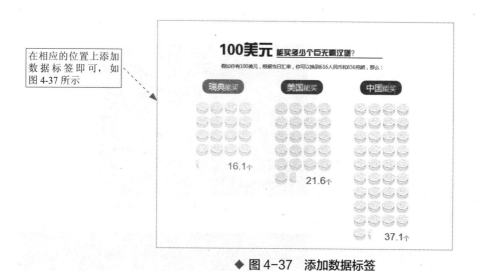

◆ 图 4-37　添加数据标签

4.2.5　更改条（柱）形图的整体形状

制作图表时，不仅可以改变数据矩形的形状，还可以更改整个图表形状。

下面以《图说 iPad 进化史》信息图的部分数据为例，介绍一下更改图表整体形状的具体操作。

画一个圆形，按【Ctrl+D】组合键复制出其他 3 个圆形，如图 4-38所示

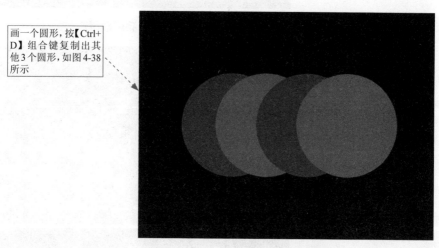

◆ 图 4-38　复制圆形

选择第二个圆形，调出"设置形状格式"窗格，在"大小"选项栏中设置"缩放比例"为90%，如图4-39所示

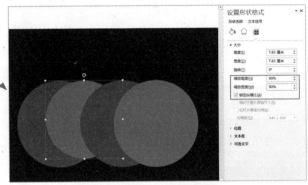

◆ 图 4-39　设置缩放比例

分别设置后两个圆形的"缩放比例"为80%、70%，再全选圆形，设置"对齐"为"左右对齐"和"上下对齐"，如图4-40所示

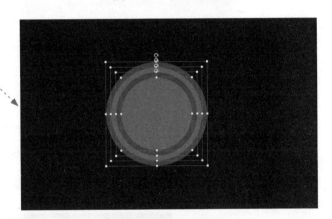

◆ 图 4-40　将圆形对齐

将圆形图复制一份当作参考，设置复制部分的"形状填充"为"无填充颜色"，"形状轮廓"为白色，"粗细"为"4.5 磅"，如图 4-41 所示

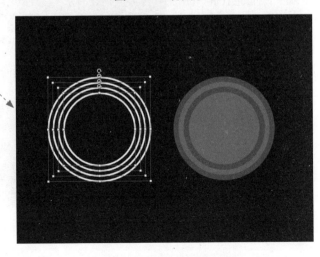

◆ 图 4-41　复制圆形组合图

将用作参考的白色轮廓圆形图组合起来，并与之前带填充颜色的圆形图"左右对齐"，再将带填充颜色的圆形图转换为"空心弧"，如图4-42所示

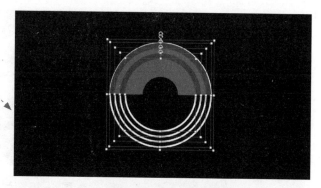

◆ 图4-42　转换图形形状

绘制一条水平参考线，向右拖动空心弧内部的控制点，使圆弧具有相同的宽度，如图4-43所示

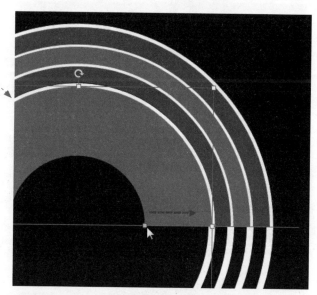

◆ 图4-43　拖动空心弧内部的控制点

删掉所有参考线，并将图形水平旋转再向右旋转90°，如图4-44所示

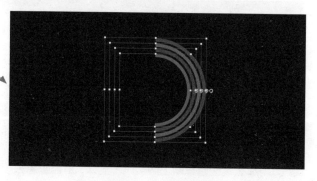

◆ 图4-44　旋转图形

按数据调整弧形长度，并添加数据标签即可，如图4-45所示

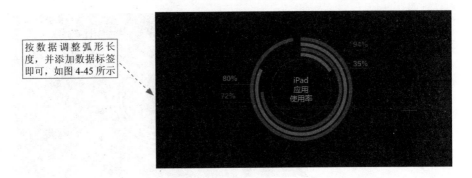

◆ 图4-45　添加数据标签

类似的信息图还有很多，如图4-46所示。

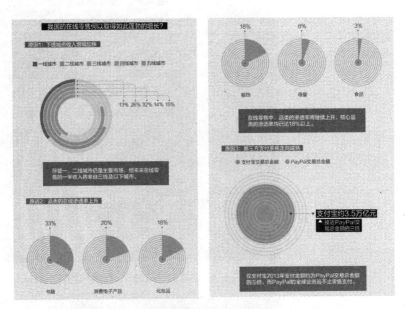

◆ 图4-46　图解在线零售的数字化趋势（节选）

4.2.6　放大条（柱）形图的局部

一般设计图表给读者展示的都是结果，但是有时候读者会不知道这个结果是怎么来的，那么这个时候可以选择放大局部来说明过程，以强化图表的说明性。

根据信息图《2014汽车消费行为调查》的数据，70%的人愿意考虑网上购买汽车，那么这些愿意网上购买汽车的人，是否愿意去明样的电商平台上购买呢？我们就这个数据介绍放大条（柱）形图的局部的具体操作。

首先创建 4 个直角三角形，上面两个的边长要比下面两个的边长长一些，如图 4-47 所示

◆ 图 4-47　创建直角三角形

将 4 个直角三角形组合起来，更改侧面的颜色，即可完成立体棱锥的制作，如图 4-48 所示

◆ 图 4-48　组成立体棱锥

根据数据的多少，设置棱锥的大小，并简单排列一下数据标签，如图 4-49 所示

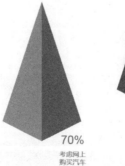

70%
考虑网上
购买汽车

30%
不考虑网上
购买汽车

◆ 图 4-49　简单排列

为了保持整体的立体
效果，文字也需要设
置三维效果，在"绘
图工具"栏的"格式"
选项卡中，设置"形
状效果"为"三维旋
转"|"等长顶部朝上"，
并调整图形及文字位
置，如图4-50所示

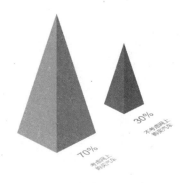

◆ 图4-50　复制圆形组合图

复制70%部分的立
体棱锥，并将其放大，
将需要说明的数据简
单排列，如图4-51
所示

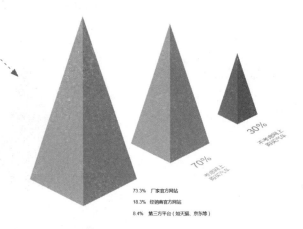

◆ 图4-51　转换图形形状

将复制立体棱锥部分
的样式设计好，并组
合起来，如图4-52
所示

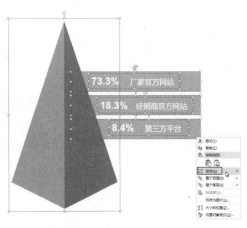

◆ 图4-52　设计复制部分样式

剪切复制立体棱锥，再粘贴时选择"图片"选项，如图4-53所示

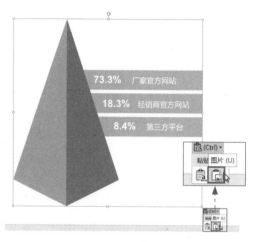

◆ 图4-53 转为图片

在"图片工具"栏的"格式"选项卡中，选择"裁剪"|"裁剪为形状"|"圆形"选项，并移动、调整图片至合适大小、位置，如图4-54所示

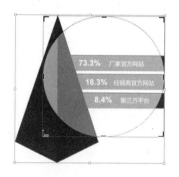

◆ 图4-54 裁剪为圆形

为裁剪部分的图片添加边框。绘制一个圆形，与裁剪部分一样大，设置"形填充"为白色，"形状轮廓"为"无轮廓"，"形状效果"为"阴影"|"向下偏移"，并将其置于底层"，如图4-55所示

◆ 图4-55 添加阴影

用指示线将其连接起来即可完成，如图 4-56 所示

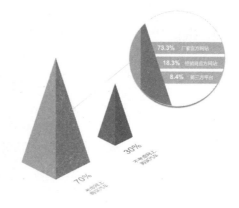

◆ 图 4-56　指示线连接

4.3 饼形图表应用技巧

饼图是信息图图表中非常常见的一种，下面介绍饼图的应用技巧。

4.3.1　在图片上表现图表

我们日常生活中常见的圆形物体，比如杯子、各式各样的球、各式各样的圆形糕点，其实都是可以用来做饼图的，当然，在物体的选择上一定是要与信息图主题密切相关的。

下面以咖啡的成分为例来做一个饼图的技巧介绍。

首先需要准备一张圆形咖啡杯的图片，杯子可以是空的，也可以是满的，如图 4-57 所示

◆ 图 4-57　准备图片

图片是美式咖啡，那么我们就把饼图做成美式咖啡的成分饼图。首先插入饼图，填写成分数据，如图 4-58 所示

◆ 图 4-58　创建基础饼图

专家提醒

这里饼图的成分表示应该与选择的咖啡图片一致。

其次修改饼图的填充颜色、轮廓颜色以及数据标签的格式，如图 4-59 所示

◆ 图 4-59　修改格式

剪切基础饼图，再次
粘贴时选择"图片"
选项，如图 4-60 所示

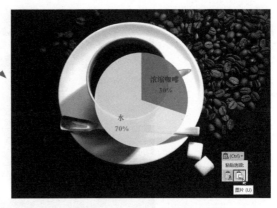

◆ 图 4-60 选择"图片"选项

将饼图图片的多余部
分裁剪掉，如图 4-61
所示

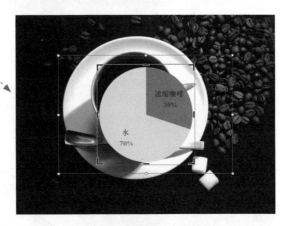

◆ 图 4-61 裁剪多余部分

根据杯口形状，调节
饼图的大小及位置，
即可完成制作，如
图 4-62 所示

◆ 图 4-62 调整饼图

在图片上表示图表的信息图还有很多，如图 4-63 所示。

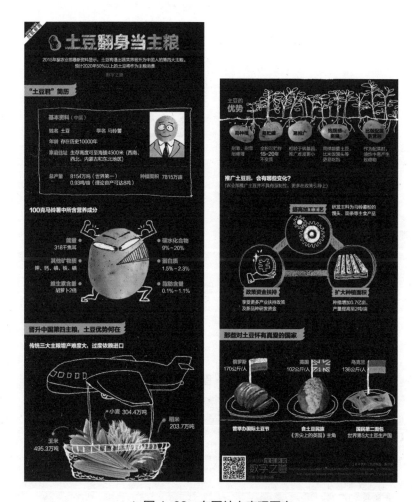

◆ 图 4-63　在图片上表现图表

4.3.2　饼形图的立体表现

制作信息图时，饼图的立体效果会显得更为醒目。在制作饼图的立体效果时，要注意把远近的透视关系表现出来。

下面以一组"用户不能生活没有智能手机"的调查数据为例，介绍饼图立体表现的具体操作。

首先创建一个基础圆
环图，将数据都体现
出来，如图 4-64 所示

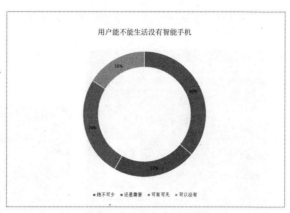

◆ 图 4-64　创建基础圆环图

按照基础圆环图对应
绘制空心弧，删去基
础圆环图，如图 4-65
所示

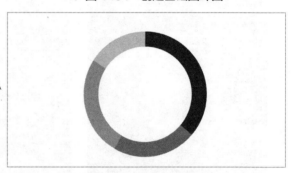

◆ 图 4-65　选择"图片"选项

按【Ctrl+G】组合键
将形状组合在一起，
然后在"绘图工具"
的"格式"选项卡中，
设置"形状效果"为
"三维旋转"|"宽
松透视"选项，如
图 4-66 所示

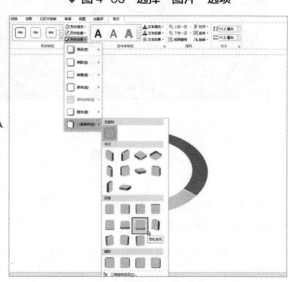

◆ 图 4-66　设置组合图形的形状效果

在组合图形上，右击，弹出快捷菜单，选择"设置形状格式"选项，在"三维格式"栏中，设置"深度"为60磅，以及其他的应用效果，如图4-67所示

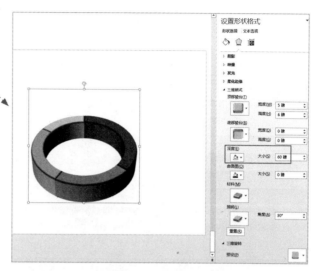

◆ 图4-67　设置形状格式

专家提醒

设置应用照明与阴影时要适当，设置的数值不同，效果差别会比较大。

添加数据标签等信息即可完成制作，如图4-68所示

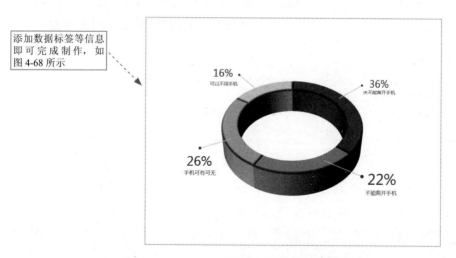

◆ 图4-68　添加数据标签

4.4 折线图表应用技巧

折线图表主要是用来描述数值随着时间有规则的变化情况。下面以 2014 年
三季度 GDP 值变化为例介绍折线图的制作技巧。

在 PPT 中插入图表，
选择带数据标记的折
线图，如图 4-69 所示

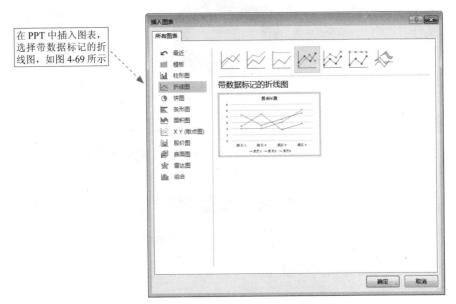

◆ 图 4-69　选择带数据标记的折线图

在折线图的表格中，
输入数据，如图 4-70
所示

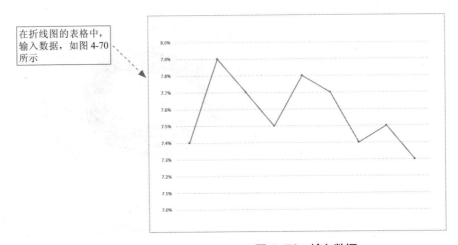

◆ 图 4-70　输入数据

添加数据标签，并修
改图表的格式，如
图 4-71 所示

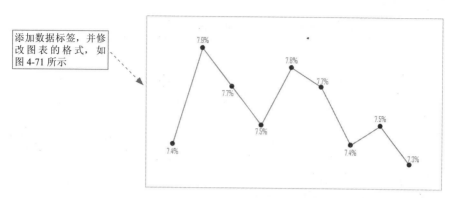

◆ 图 4-71　添加数据标签

为图表设计一个横坐
标轴，如图 4-72 所示

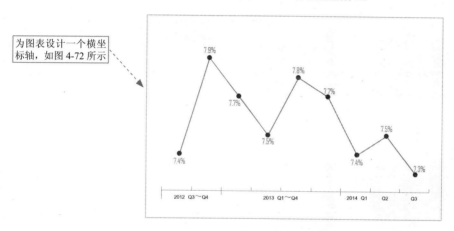

◆ 图 4-72　设计横坐标

改变强调部分折线的
颜色即可，如图 4-73
所示

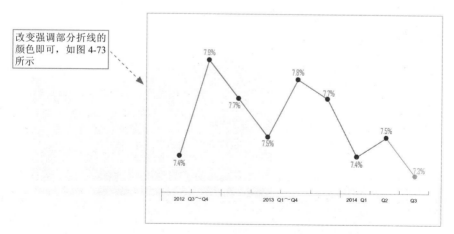

◆ 图 4-73　改变部分颜色

4.5 面积图表应用技巧

面积图与折线图的绘制方法类似，面积图就是把折线图的内部填充起来后的效果。下面以一组产品销售数据为例介绍面积图表的绘制技巧。

在 PPT 中插入图表，选择面积图，如图 4-74 所示

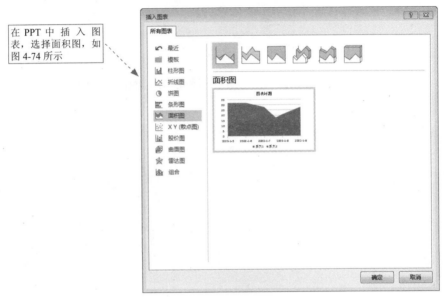

◆ 图 4-74　选择面积图

在面积图的表格中，输入数据，如图 4-75 所示

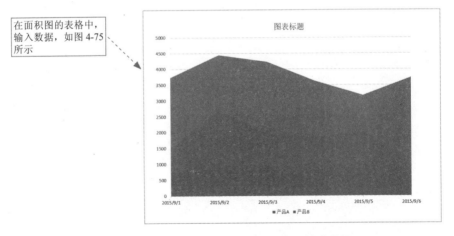

◆ 图 4-75　输入数据

修改横坐标字体及字号，并改变图表的配色，如图 4-76 所示

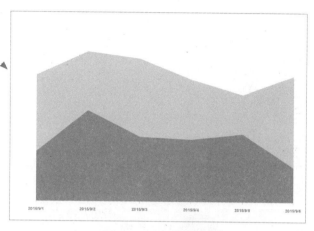

◆ 图 4-76　改变图表配色

在图表的纵坐标轴位置添加矩形，分别指示产品 A 和 B，即可完成制作，如图 4-77 所示

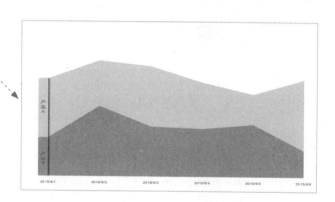

◆ 图 4-77　设计图例

 图表信息图作品展示

　　图表的优秀信息图还有很多，如图 4-78 所示。

此信息图既美观又能清晰表达观点

长期坚持跑步是怎样一种体验

会越来越勤奋

跑步是一个从懒惰到勤奋的过程，有助于摒弃坏习惯

抗压能力越来越强

跑步会增强人的品格韧性，有效缓解一天下来的压力，处理压力更加游刃有余

会早起

养成跑步习惯的人生活更规律，运动过后睡眠质量大大提高，不睡懒觉，早起欣赏专属风景

精神会好起来

跑步的人每天都会精神饱满容光焕发，充沛的体力会让精神越来越好

魅力值会增加

跑步带给形体上、精神上的变化会带来魅力值的巨大提升，有了足够的自信，生活与事业都会更加丰富多彩

身体会变好

长期跑步身体各项指标趋于健康的最佳值，身体变好带来更多幸福感

饮食越来越健康

由于跑步对营养需求很高，长期跑步的人会越来越关注健康饮食，久而久之自己变身美食家

原则性越来越强

坚持锻炼、控制饮食这种行为本身就是律己行为，跑步带来的好处会增强对这种原则性行为的坚持

扩大社交圈

坚持跑步会认识许多志同道合的朋友，自身魅力的增长也会进入更多正能量的圈子

长期坚持跑步的十大好处

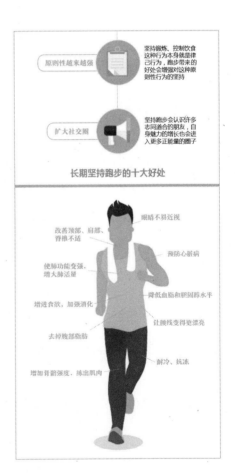

眼睛不易近视

改善颈部、肩部、脊椎不适

预防心脏病

使肺功能变强，增大肺活量

降低血脂和胆固醇水平

增进食欲，加强消化

让腰线变得更漂亮

去掉腹部脂肪

耐冷、抗冻

增加骨骼强度，练出肌肉

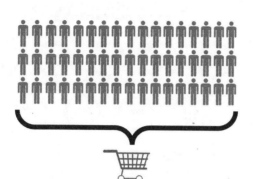

◆ 图4-78　图表信息图

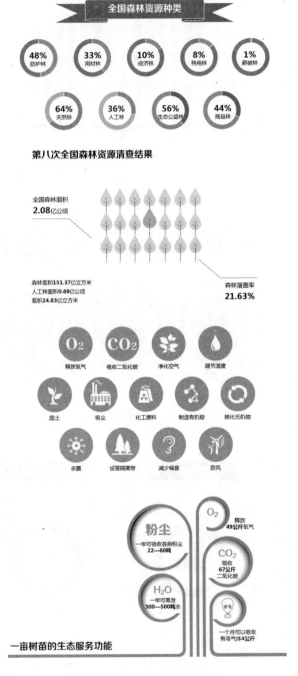

◆ 图 4-78　图表信息图（续）

5
CHAPTER

色彩
（Color）

图 × 解 × 力
信息图表设计，一张图读懂枯燥数据

5.1 识色与辨色

色彩的运用是门学问，它在设计中占的位置极其重要。人对色彩是相当敏感的，所以设计师通常会通过色彩去强化表达的内涵，用色彩来强化沟通。

5.1.1 色彩对信息图的重要性

在信息图中，主要的组成部分就是文字、图形以及色彩，而色彩是吸引人注意力的第一要素，心理学研究表明，当人们在观察物体时，最开始的几秒内，色彩感觉占到了80%，而形体感觉只占20%，两分钟过后，色彩感觉占60%，形体感觉占40%，五分钟以后各占一半，且这种状态将继续保持，也就是说，视觉色彩效果强的信息图更能引起公众的关注，因此色彩在信息图的设计中起着不容忽视的作用。

5.1.2 认识色彩的3个属性

色彩本身具有极其细腻的变化，我们生活中可以看见各种各样的色彩，这也说明了色彩具有多样性。我们在理解色彩的多样性时，可以从色彩的基本属性入手。

色彩具有3个属性，即色相、明度和纯度，如图5-1所示。

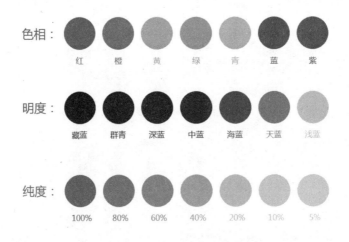

◆ 图5-1 色彩的三属性

❶ 色相

色相也就是色彩本身，是色彩性格的外在体现。色相是色彩的首要特征，是区别各种不同色彩的最准确的标准。

从光学意义上讲，即便是同一类色彩，也能分为几种色相，如黄色可以分为中黄、土黄、柠檬黄等。人的眼睛可以分辨出约 180 种不同色相的色彩。

最初的基本色相为：红、橙、黄、绿、蓝、紫。在各色中间加插一两个中间色，按光谱顺序为：红、红橙、橙、黄橙、黄、黄绿、绿、蓝绿、蓝、蓝紫、紫和红紫，可制出 12 种基本色相。

将 12 种基本的色相按照环状排列起来，就形成了色相环。色相环由原色、间色、复色构成，它是我们选择色彩的一个强有力的工具，如图 5-2 所示。

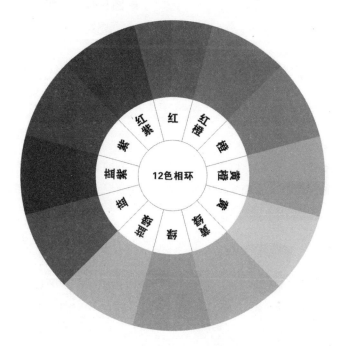

◆ 图 5-2 12 色相环

☆ 原色

色相环由 12 种基本色彩组成。首先包含色彩三原色，即红、黄、蓝。色彩中不能再分解的基本色称为原色。原色能合成出其他颜色，而其他颜色不能还原出本来的色彩。

三原色
色相环的"母色"，它
们是唯一不能由其他颜
色跳出来的色彩，三原
色围绕色相环平均分布，
两两呈120°。如图5-3
所示

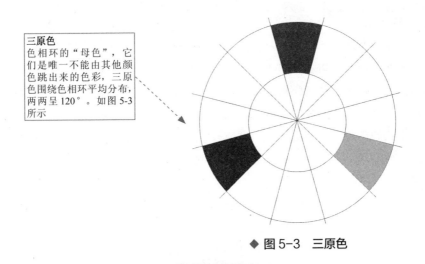

◆ 图5-3　三原色

专家提醒

　　在信息图的色彩使用中，如果仅选用三原色，会给人亮丽而充
满童趣的感觉。

☆　间色

　　原色混合产生了间色，位于两种三原色一半的地方。每一种间色都是由离它
最近的两种原色等量混合而成。例如，黄色和红色混合形成橙色，那么橙色就为
间色。

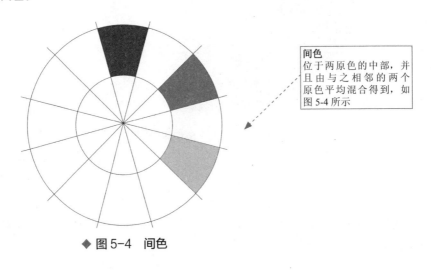

间色
位于两原色的中部，并
且由与之相邻的两个
原色平均混合得到，如
图5-4所示

◆ 图5-4　间色

☆ 复色

　　三次色又称为复色，是由相邻的两种色彩混合而成，它可以由两个间色混合而成，也可以由一种原色和其对应的间色混合而成。

　　例如，原色黄色和间色橙色可以混合出黄橙色，那么黄橙色就称为复色。

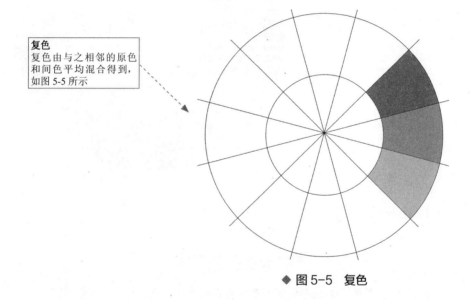

复色
复色由与之相邻的原色和间色平均混合得到，如图 5-5 所示

◆ 图5-5　复色

　　色相为基础的配色是以色相环为基础进行思考的，用色相环上类似的色彩进行配色，可以得到稳静而统一的感觉，用距离远的色彩进行配色，可以达到一定的对比效果。下面介绍色相搭配的六大种类。

☆ 单色

单色是指在同一色相中不同的色彩变化。在同一色相的色彩中加入白色、灰色或者黑色，从而形成明暗深浅的变化。

单色
单色虽无色相对比，却形成了深、中、浅的色彩明度对比，如图5-6所示

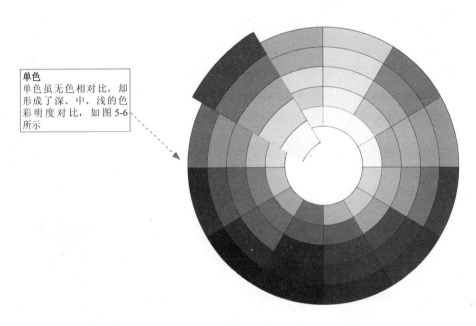

◆ 图5-6　单色

专家提醒

在色相环中30°之间的色彩均可认为是单色，色彩共性很多，给人一种和谐融洽的感觉。

采用单色搭配，缺乏色彩的层次感，属于对比比较弱的色组。但是可以形成明暗的层次，给人一种简洁明快、单纯和谐的统一美。

☆ 近似色

近似色之间往往是你中有我，我中有你。

例如，朱红以红为主，里面略带少量黄色；橘黄以黄为主，里面有少许红色，虽然它们在色相上有很大的差别，但在视觉上却比较接近。

专家提醒

在色相环中，凡在 60° 范围之内的色彩都属于近似色的范围。

因为近似色都拥有共同的色彩，所以色相间色彩倾向近似，冷色组或暖色组较明显，色调统一和谐、感情特性一致。具有低对比度的和谐美感。

近似色
近似色之间具有很强的潜在关联性，能营造出赏心悦目的和谐感，而且近似色的色调非常丰富，运用起来也不难，如图 5-7 所示

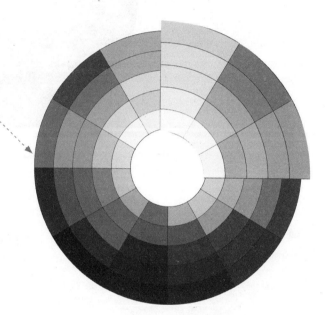

◆ 图 5-7 近似色

☆ 补色

补色是在色相环中相距 180° 的色彩，如红与绿、黄与紫、橙与蓝都是补色。补色的搭配能使色彩之间的对比效果达到最强烈。

补色
补色形成对比，一种颜色与其补色配合可表现出力量、气势和活力。通常，强调色的使用量比其补色少。例如，在一片绿色区域上使用一点红色，那么红色就是强调色，绿色就是补色，如图5-8所示

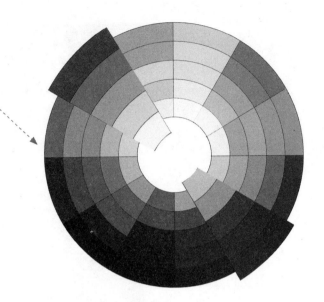

◆ 图5-8　补色

专家提醒

　　由于补色有强烈的分离性，所以使用补色的配色设计，可以有效加强整体配色的对比度、拉开距离感，而且能表现出特殊的视觉对比与平衡效果，使用得好能让作品令人感觉活泼、充满生命力的感受，如图5-9所示。

◆ 图5-9　补色设计

　　当然如果将色彩的条件稍微放宽一点，比如，180°补色的临近色系也搭入配色考虑的话，可以形成的色彩配色就更宽广、更丰富了，如图5-10所示。

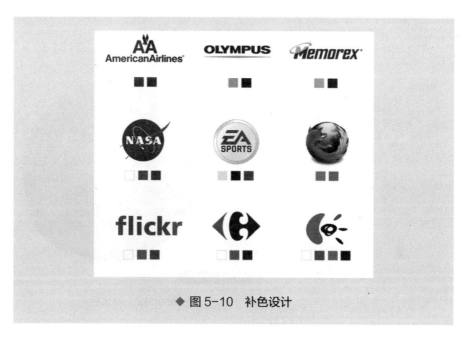

◆ 图 5-10　补色设计

☆ 分裂补色

如果组合中同时存在某种颜色的补色及其补色的近似色，则这种颜色就是分裂补色。分裂补色可由两种或三种色彩（同时搭配左右两边的色相）构成。

分裂补色
近似色间柔和的美，加上补色间强烈的视觉冲击，使得分裂补色独具感染力。采用红色、黄绿色和蓝绿色，形成分裂补色的搭配。这种色彩搭配既具有类比色的低对比度的美感，又具有补色的力量感，如图 5-11 所示

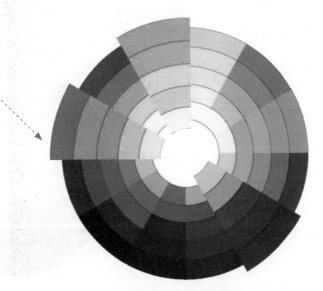

◆ 图 5-11　分裂补色

☆ 对比色

对比色亦称为大跨度色域对比，指色相距离120°～150°之间的对比关系。

> **对比色**
> 红色与黄绿色的配色，属于色相的中强对比，这种对比有着鲜明的色相感，但对比又不会很强烈，如图5-12所示

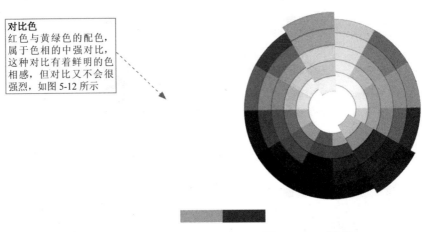

◆ 图5-12　对比色

☆ 全色相

全色相，顾名思义就是指色相环里的所有色相。全色相搭配可以给人带来随时参与进去的气氛，恰好适合节日气氛，给人一种充满青春活力的感觉。

❷ 明度

明度就是色彩的明暗差别、光亮程度，所有色彩都有自己的光亮。其中，暗色被称为低明度，亮色被称为高明度。

> 外部较大的两个环由深色组成，内部较小的两个环由浅色组成，如图5-13所示

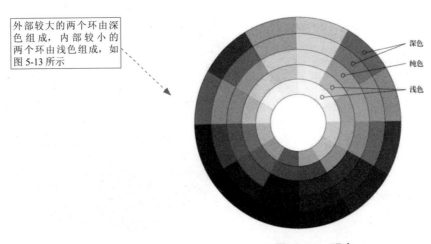

◆ 图5-13　明度

有彩色的明度有两方面的差别，一是某一色相在混入黑色或者白色后，产生的深浅变化，如图 5-14 所示。

◆ 图 5-14　深浅变化

二是彩色不同色之间存在的明度存在差别，比如红、橙、黄、绿、蓝、紫 6 种标准色中，黄最浅、紫最深、橙和绿、红和蓝处于相近的明度之间。我们可以将有彩色转换为无彩色，来更加直观的观察明度变化，如图 5-15 所示。

◆ 图 5-15　明度差别

明度是决定配色的光感、明快感、清晰感，以及心理作用的关键。简单来说，明度就是通过对比的手法，把握作品中黑、白、灰的关系。

依据明度色标，可以大致将明度分为 3 个区域：0°～3°为低明度；4°～6°为中明度；7°～10°为高明度，如图 5-16 所示。

◆ 图 5-16　明度变化

按照明度不同，明度配色可分为同明度（画面色彩采用同一个明度）；近似明度（3°差以内）；中差明度（3°～5°差）；对比明度（5°差以上）4 种。

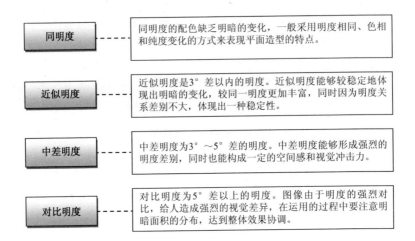

同明度	同明度的配色缺乏明暗的变化，一般采用明度相同、色相和纯度变化的方式来表现平面造型的特点。
近似明度	近似明度是3°差以内的明度。近似明度能够较稳定地体现出明暗的变化，较同一明度更加丰富，同时因为明度关系差别不大，体现出一种稳定性。
中差明度	中差明度为3°～5°差的明度。中差明度能够形成强烈的明度差别，同时也能构成一定的空间感和视觉冲击力。
对比明度	对比明度为5°差以上的明度。图像由于明度的强烈对比，给人造成强烈的视觉差异，在运用的过程中要注意明暗面积的分布，达到整体效果协调。

❸ 纯度

纯度亦称为饱和度或彩度、鲜艳度。色彩的纯度强弱，是指色相感觉明确或含糊、鲜艳或混浊的程度。

根据色环的色彩排列，相邻色相混合，纯度基本不变。比如，红色和黄色相混合，将得到相同纯度的橙色，如图 5-17 所示。

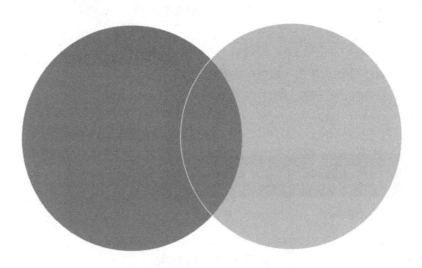

◆ **图 5-17 相邻色混合，纯度不变**

对比色相混合，最易降低纯度，以至成为灰暗色彩。比如，红色和绿色混合，则得到浊色，如图 5-18 所示。

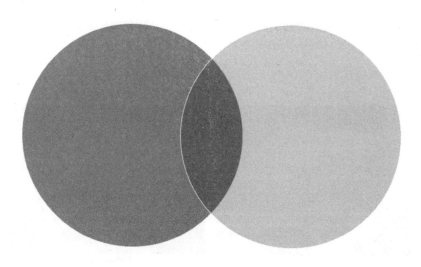

◆ 图 5-18　对比色混合，降低纯度

　　色彩的纯度变化，可以产生丰富的强弱不同的色相，而且能使色彩产生独特的韵味与美感。

　　不同色相所能达到的纯度是不同的，高纯度的色彩较为鲜艳，低纯度的色彩较为暗淡，如图 5-19 所示。

高纯度

低纯度

◆ 图 5-19　高纯度与低纯度对比图

相同色相，不同明度的色彩，纯度是不同的。例如，黄色是视觉度最高的色彩，但只要稍稍加入一点灰色，立即就会失去耀眼的光辉，而变得毫无生气，如图5-20所示。

原图　　　　　　　　　　　　　　降低黄色纯度

◆ 图5-20　原图与降低纯度对比图

专家提醒

纯度越高，色彩愈显鲜艳、引人注意，独立性及冲突性愈强；纯度愈低，色彩愈显朴素而典雅、安静而温和，独立性及冲突性愈弱。因此，主体色通常以高纯度配色来达到突显的效果。

纯度本身的刺激作用不如明度的变化大，因此纯度变化应该搭配明度变化和色相变化，才能达到较活泼的配色效果。

以红色为例，从纯红色到灰色分为10个阶段，根据纯度之间的差别，可以形成不同的纯度对比的纯度色调和纯度序列。相差4个阶段以内的纯度为近似纯度，8个阶段以内的纯度为对比纯度，如图5-21所示。

◆ 图5-21　纯度变化

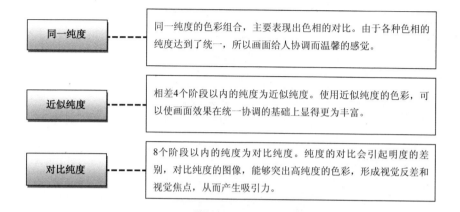

同一纯度	同一纯度的色彩组合，主要表现出色相的对比。由于各种色相的纯度达到了统一，所以画面给人协调而温馨的感觉。
近似纯度	相差4个阶段以内的纯度为近似纯度。使用近似纯度的色彩，可以使画面效果在统一协调的基础上显得更为丰富。
对比纯度	8个阶段以内的纯度为对比纯度。纯度的对比会引起明度的差别，对比纯度的图像，能够突出高纯度的色彩，形成视觉反差和视觉焦点，从而产生吸引力。

专家提醒

☆ 低纯度基调：由13级的低纯度色组成的基调，给人以平淡、消极、无力、陈旧的感觉，同时也有自然、简朴、柔和、超俗、宁静的感受。

☆ 中纯度基调：由4~6级的中纯度色组成的基调，能够传达出中庸、文雅、安详的感觉。

☆ 高纯度基调：由7~9级的高纯度色组成的基调，有鲜艳、冲动、热烈、活泼的视觉感受，给人的感觉积极、强烈而冲动的感觉；如果运用不当也会产生残暴、恐怖、低俗、刺激等效果。

5.2 色彩的搭配

在信息图的设计中，色彩的搭配是一个不容忽视的点，好的色彩搭配会提升视觉感受，而糟糕的色彩搭配会让人避而远之，不愿多看。

5.2.1 近似配色——表现亲密的信息元素关系

首先来感受一下近似色的搭配会带来一种什么样的视觉感受。

这两张近似色的插画给人朦胧的感觉，画面显得梦幻、唯美、神秘，如图 5-22 所示

◆ 图 5-22　近似色的朦胧感

这两张近似色的电影海报给人突出的感觉，画面显得有冲击力且主体突出，如图 5-23 所示

◆ 图 5-23　近似色的明显感

下面介绍近似色的搭配技巧。

❶ 近似色的纯度对比

利用纯度对比调节主体色彩，会更容易区分主体结构，且调节背景色彩，能让画面色彩更加丰富，如图 5-24 所示。

◆ 图 5-24　近似色的纯度对比

▲ 专家提醒 ▲

　　图 5-24 提取的色彩可以看出，通过对包装和背景的纯度调节，可以让画面色彩统一，色彩间的搭配也会更为协调，而且由于纯度的对比，包装贴纸上的内容显得格外突出。

❷ 近似色的对比添加

如果画面的整体色彩过于统一，想要突出主体就会比较困难，通常这种时候，在纯度对比的基础上还可以通过添加适当大小的对比色块来达到想要的视觉效果，如图 5-25 所示。

◆ 图 5-25　近似色的对比添加

专家提醒

图 5-25 采用近似配色，通过纯度对比，让画面色彩协调且有层次感。但是这个图片要突出的部分是文字，仅靠纯度的对比，不足以突出文字。于是，加入白色色块，与红色背景形成强烈色差，白色色块也就独立出来成为第一视觉点，这样在突显文字的同时也使画面更有意境，如图 5-26 所示。

添加色块前　　　　　　　　　　添加色块后

◆ 图 5-26　添加对比色块前后对比

❸ 近似色的轮廓线色彩

　　轮廓色彩的加入，可以使主体与背景的色彩形成较为强烈的对比，可以让主体从背景中脱颖出来，也可以让原本细微的色彩差别从不同背景中被区分出来，如图 5-27 所示。

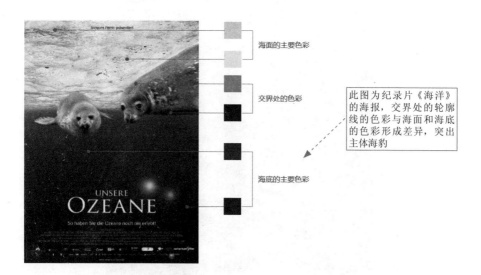

◆ 图 5-27　近似色的轮廓线色彩

　　近似配色的信息图有很多，如图 5-28 所示。

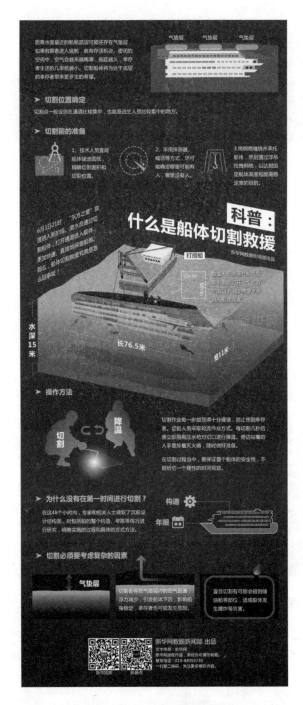

◆ 图 5-28　近似配色信息图

5.2.2 对比配色——表现对立的信息元素关系

由于对比色之间的色差很大，因此想要合理运用对比色，必须特别慎重考虑对比色之间的比例问题。

所谓的比例就是说，在使用对比色配色时，必须利用大面积的一种颜色与另一种面积较小的对比颜色来配合，以达到平衡。

如果两种色彩所占的比例相同，那么对比就会显得过于强烈。比如，红色与绿色这一对比色，如果在画面上，它们占有同样的面积，就会显得对比太过，而容易让人看着头晕目眩，如图 5-29 所示。

◆ 图 5-29 对比色占同样比例会产生不好的视觉感受

所以应该选择其中一种颜色为大面积，构成主调色，而另一颜色为小面积作为辅色。一般来说，3:7 或 2:8 的比例分配是比较好的，如图 5-30 所示。

◆ 图 5-30 对比色 3:7 或 2:8 的配色比例

曾经有日本设计师针对色彩的配色提出了一个比例原则，即 70%、25% 与 5%，这个配色比例方式中的 70% 是大面积的底色，而主色（25%）与强调色（5%）则是可以利用对比色的特性，来将主色以及强调色衬托出来的，如图 5-31 所示。

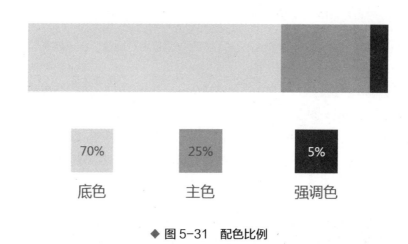

70%	25%	5%
底色	主色	强调色

◆ 图 5-31　配色比例

而如果使用底色、主色、强调色的配色方式不够用的话，那么可以从现有的色彩中做切割，分配出另一个配色，以避免影响整体配色比例，如图 5-32 所示

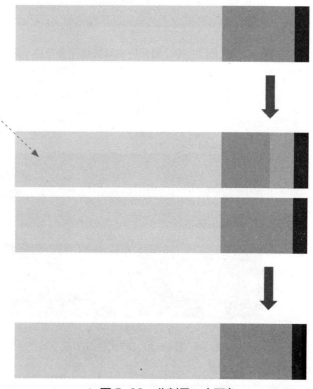

◆ 图 5-32　分割另一个配色

对比配色的信息图还有很多，如图 5-33 所示。

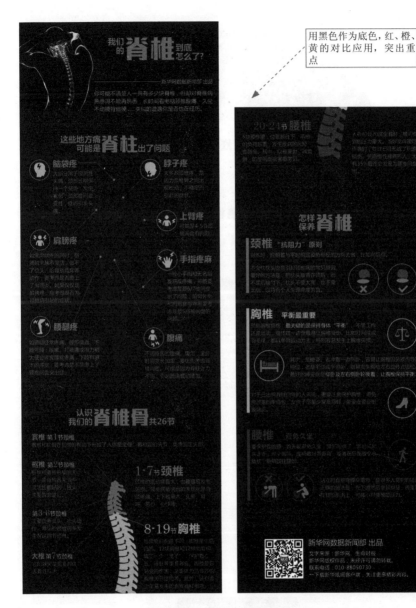

用黑色作为底色，红、橙、黄的对比应用，突出重点

◆ 图5-33 对比配色的信息图

5.2.3 三角式配色——构建最稳固的信息元素关系

三角式配色是选用色环上3个等距的色彩进行配色，如图5-34所示。

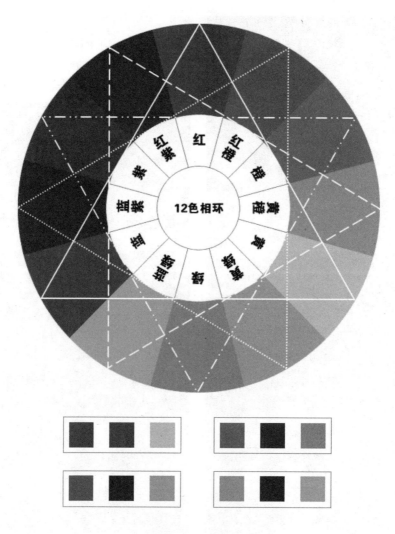

◆ 图 5-34　三角式配色

　　图 5-34 是 12 色相环，如果是 24 色相环，三角式配色会更为多样，配色的效果也会更为丰富。

三角式配色的信息图有很多，如图 5-35 所示。

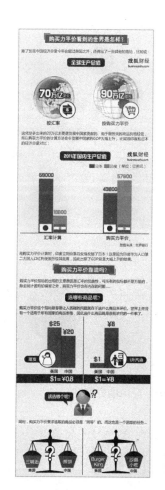

◆ 图 5-35　三角式配色信息图

专家提醒

图 5-35 是经典的红、黄、蓝三原色配色。

5.2.4 渐变配色——表现层层递进的信息元素关系

渐变配色是指按色相、明度、纯度三要素之一的程度高低依次排列颜色。

渐变配色的特点是既能使色调沉稳，又能使色调醒目，尤其是色相和明度的渐变配色，如图 5-36 所示。

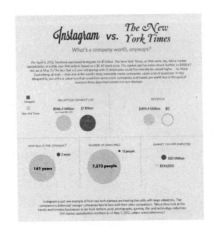

◆ **图 5-36　渐变配色信息图**

5.3 信息图的色彩应用技巧

下面介绍信息图中色彩的应用技巧。

5.3.1 从图片中提取颜色

在制作信息图之前，会确立主题，可以根据主题的内容，寻找相应的图片，然后从图中提取出一系列色彩进行应用，具体的操作如下。

比如，我们要做的信息
图与花有关，那么首先
需要去网上找到配色好
看的花图片，如图 5-37
所示

◆ 图 5-37　配色好看的图片

在 PPT 中插入图片，
并进行适当裁剪，如
图 5-38 所示

◆ 图 5-38　适当裁剪图片

在图片的右边绘制正方
形，个数不要超过 5 个，
以 4 个正方形为例，如
图 5-39 所示

◆ 图 5-39　绘制 4 个正方形

双击第一个正方形，切换至"绘图工具"中的"格式"选项卡，利用"形状填充"中的"取色器"工具，对图片进行颜色的提取，如图5-40所示。

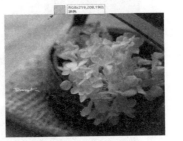

◆ 图5-40 用"取色器"提取颜色

其他三个正方形也按第一个正方形的方式提取颜色，如图5-41所示。

◆ 图5-41 提取其他颜色

从图片中将颜色提取出来后，即可直接应用于信息图，如图5-42所示。

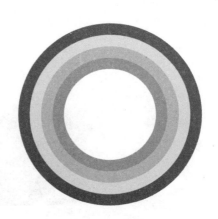

◆ 图5-42 应用于信息图图表设计

5.3.2 从色彩网站上寻找颜色

如果对于自己的配色没什么信心，可以尝试参考 Colourlovers、Kuler、Colourcode 等色彩网站上的配色，一般在配色网站上，看到合适的配色，需要记下 RGB 值，然后在设计信息图的时候再应用。

色彩网站推荐如下。

www.colourlovers.com，
如图 5-43 所示

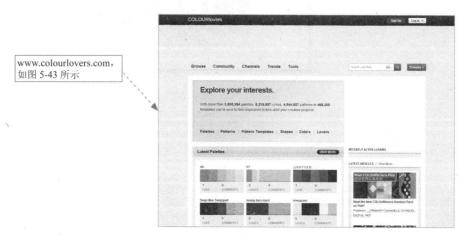

◆ 图 5-43　Colourlovers

kuler.adobe.com，如图 5-44
所示

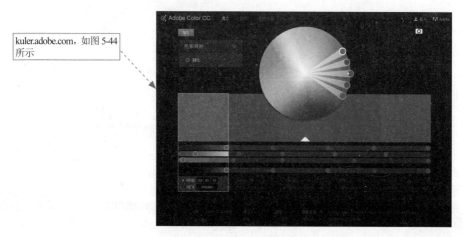

◆ 图 5-44　Kuler

www.colourcodeprinting.
com，如图 5-45 所示

◆ 图 5-45　Colourcode

5.3.3　巧妙使用渐变色

渐变色是由一个颜色渐渐过渡到另一个颜色。

渐变色的具体设置方法如下。

首先创建四个颜色的渐
变对象，如图 5-46 所示

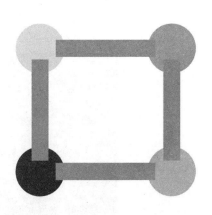

◆ 图 5-46　创建对象

选中浅黄和金色中间的矩形，双击矩形，切换至"绘图工具"下的"格式"选项卡，选择"形状填充"|"渐变"|"其他渐变"选项，如图 5-47 所示

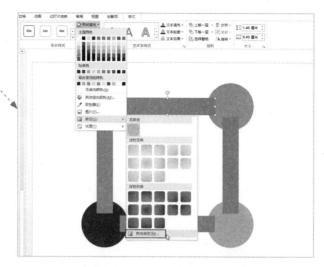

◆ 图 5-47 单击"其他渐变"选项

删除其他停止点，留下两个，一个位于 0% 的位置，一个位于 100% 的位置。0% 的停止点与浅黄颜色一致，100% 的停止点颜色与金色一致，如图 5-48 所示

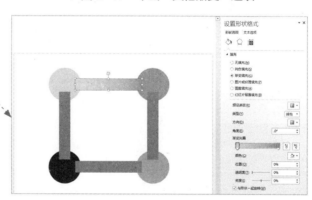

◆ 图 5-48 设置停止点

其他 3 个渐变的设置方法也是一样的，效果如图 5-49 所示

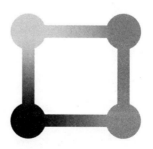

◆ 图 5-49 完成其他渐变设置

6
CHAPTER

字体
（Font）

图 × 解 × 力
信息图表设计，一张图读懂枯燥数据

6.1 字体的视觉感受

不同字体给人的感觉不一样。

6.1.1 宋体体系

宋体，是现代印刷字体中资格最老的字体，它成熟于明末清初之际，但源于宋代雕版印刷字体，故而得名。它整齐画一，规范易认，很受广大读者爱戴，一直是使用率最高和使用范围最广的印刷字体。

为了满足不同的风格需要，宋体形体也在不断地发生着一些变化。

这些字体以宋体为基准进行了改造修正，不同的细节，展现着不同的气质。且不同的宋体，字距、粗细都不一样，如图 6-1 所示

透过字体给读者更多关爱

透过字体给读者更多关爱

透过字体给读者更多关爱

透过字体给读者更多关爱

透过字体给读者更多关爱

透过字体给读者更多关爱

透过字体给读者更多关爱

◆ 图 6-1　宋体的不同形体

仔细对比默认宋体和宋体的变形，还是可以看出很明显的变化，如图 6-2 所示

方正颜宋　　　　默认宋体

◆ 图 6-2　颜宋和默认宋体的细节对比

宋体的典雅性

宋体相对于直接的黑体多了些修饰，因此显得更精致更典雅，也因此使宋体更具备女性气质，所以在一些女性产品和美妆产品上会常用到宋体，如图6-3所示

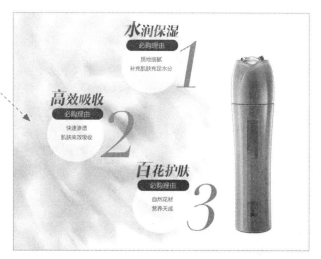

◆ 图6-3　宋体的典雅性

宋体的时尚性

宋体不会过时，它的现代性和典雅性造就了它的时尚性。很多时尚类杂志和产品都会使用宋体，如图6-4所示

◆ 图6-4　宋体的时尚性

宋体的文化性和特色性
宋体具有人文气质，常用来表现有一定文化特色的东西、具有地域特色或者文化特色的美食，在地产广告上也会经常用到，如图 6-5 所示

◆ 图 6-5　宋体的文化性和特色性

宋体的文艺性
历史的积淀造就了宋体的文艺性，在许多文艺电影海报中，宋体属于常用字体，如图 6-6 所示

◆ 图 6-6　宋体的文艺性

宋体的设计性
《岁月神偷》的这张海报，应用的字体就是宋体。海报中的标题字经过艺术化的处理设计，使其具有了自己的一些特色。首先做了斑驳的效果，像是拓印的痕迹，其次采用米字格来做背景修饰，填充上颜色变化，排版上采用竖排文字撑起海报主干，经过这一系列契合电影风格的变化，就使得文字也具有了感染力，与电影气质结合得相当出色，如图6-7所示

◆ 图6-7　宋体的设计性

6.1.2　等线体体系

随着文化事业的不断繁荣和印刷业的兴盛发展，特别是五四运动以来，人们思想更加活跃，单一的宋体印刷形式已经不能满足日益增长的社会文化和精神文明的需求。各类传单、小报、黑板报、墙报等，不断地创造出各式各样的新字体。

其中使用比较普遍的，也是最能得到人们共识的新字体是等线体。等线体庄重有力，很适合表达人们昂扬进取的精神，能抒发人们战胜一切困难的无畏和豪情。所以它面世不久就被迅速普及开。

后来又出现了与等线体"近亲的"字体，主要有叠黑体、圆头体、琥珀体和彩云体。其中圆头体还按粗细不同分为特圆、中圆、细圆或幼圆。

等线体作为主要字体的地位进一步得到加强，等线体的影响也越来越加深。

这些字体以等线体为基准进行了改造修正，不同的细节，展现着不同的气质。且不同的等线体，字距、粗细都不一样，如图6-8所示

透过字体给读者更多关爱

透过字体给读者更多关爱

透过字体给读者更多关爱

透过字体给读者更多关爱

透过字体给读者更多关爱

透过字体给读者更多关爱

透过字体给读者更多关爱

透过字体给读者更多关爱

透过字体给读者更多关爱

透过字体给读者更多关爱

透过字体给读者更多关爱

◆ 图6-8　等线体的不同形体

仔细对比默认等线体和等线体的变形，可以看到明显的变化，如图6-9所示

◆ 图6-9　等线体和等线体变体的对比

黑体的百搭型与商业性
在各大购物网站中，各种商品、各种促销都是使用的黑体，因为黑体极具普遍性和商业性，如图 6-10 所示

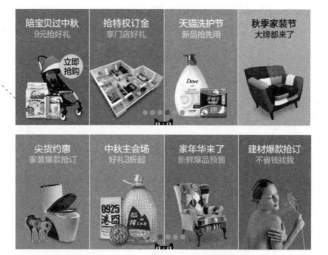

◆ 图 6-10　黑体的百搭型与商业性

黑体的大众感和廉价感
相对于其他字体而言，黑体很大众，易给人亲和感，所以很多大众美食宣传也会选用黑体，如图 6-11 所示

◆ 图 6-11　黑体的大众感和廉价感

黑体的科技感和现代感
黑体具有科技感，大多电子科技类产品、技术型的产品都会使用黑体来做设计，而且黑体没有过多修饰，更为直接、简约、现代，如图 6-12 所示

◆ 图 6-12　黑体的科技感和现代感

黑体的运动感和力量感
黑体简单直接，具有动感和力量感，常运用在运动产品或与运动相关的宣传海报的设计上，特别是粗黑体和倾斜状态的黑体，会使动感和力量感更为明显，如图 6-13 所示

◆ 图 6-13　黑体的运动感和力量感

圆体的儿童气质
越粗的圆体所具备的儿童气质越明显，所以圆体常用于一些儿童广告上，如图6-14所示

◆ 图6-14　圆体的儿童气质

圆体的女性气质
细圆体可以表达女性气质，也可以表达水润的感觉，所以很多女性护肤产品里会用到细圆体，如图6-15所示

◆ 图6-15　圆体的女性气质

琥珀体，是以等线体为基础，缩间圆画并使部分点画叠压分立的字体，或称为叠圆体，其浑厚、朴拙，具有圆柔之趣。

彩云体，就是空心琥珀体，其较琥珀体，变实为虚，透亮、轻盈。

6.1.3　书法体体系

从历史资料看，早在殷商时期，人们就开始了汉字书写，所留下的墨迹习惯上称为"书法"。

印刷业的初始，就是直接刻写这些书法体，所以书法体应被看作最早的印刷体。只是书法体镌刻难度较大，满足不了快速印刷的需求，才会被宋体等美术体一时取代。

随着高科技的迅猛发展，刻字制版已不成问题，书法体俊美的艺术效果仍受到人们青睐，不能不重新回到印刷制版中来。这种新的书法印刷体，已经不在是某个人的书写风格（特殊字库除外），而是集著名书体的优秀特点为一体的广大人民群众都能接受的印刷书法体。

目前，它的种类还不够完备，还不能适应从事艺术专业人员的需求，但已初步解决了社会印刷的基本用字问题。

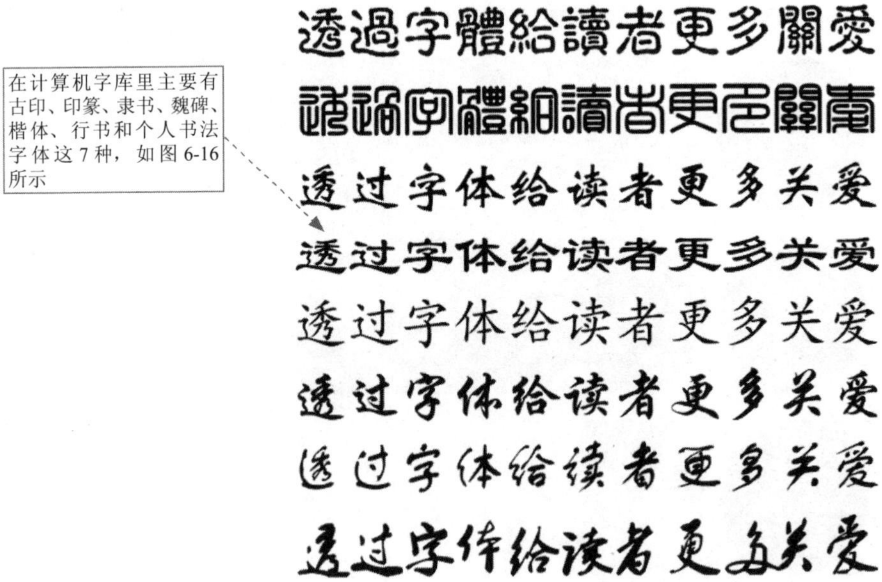

在计算机字库里主要有古印、印篆、隶书、魏碑、楷体、行书和个人书法字体这 7 种，如图 6-16 所示

◆ 图 6-16　书法体的不同形体

书法体的霸气侧漏，如图 6-17 所示

◆ 图 6-17　书法体的霸气侧漏

书法体的沉淀感与文化性，如图 6-18 所示

◆ 图 6-18　书法体的沉淀感与文化性

6.1.4　变形体体系

变形体即不规范的自由体。因其有独特的风味和特殊的用场，近年来也在印刷字体上亮相了。

最常见的有海报体、新潮体、中变体和勘亭流体，如图 6-19 所示。

◆ 图 6-19　宋体的不同形体

6.1.5　外文字体体系

外文字体可以分为两类，即有衬线字体（serif）和无衬线字体（sans-serif）。

衬线字体

衬线字体是指有衬线的字体，又称为"有衬线体"（中文惯用名称"白体"），而与之相对的，没有衬线的称为"无衬线体"（中文惯用"黑体"）。
衬线是指字形笔画末端的装饰细节部分。

无衬线字体

无衬线字体在西文中习惯称为sans-serif，其中sans为法语的"无"的意思；而另一些人习惯称为grotesque（德语作grotesk）或"哥特体"。

无衬线字体与衬线字体的对比如图6-20所示。

无衬线字体	AaBbCc
衬线字体	AaBbCc
衬线字体的衬线 （红色部分）	AaBbCc

◆ 图6-20　无衬线字体与衬线字体的对比

在传统印刷中，衬线字体用于正文印刷，因为它被认为比无衬线体更易于阅读，是比较正统的。相对的，无衬线体用于短篇和标题等，能够读者注意，或者提供一种轻松的气氛。

一般来说，人们倾向在长篇文章中使用衬线字体，如书籍、报纸和杂志等。虽然在欧洲比北美更经常使用无衬线体，但在正式场合衬线字体还是使用最多的类型。

印刷制品更多趋向使用衬线字体以方便阅读，但是在计算机领域中倾向使用无衬线字体以方便在显示器上显示。出于这个原因，大部分网页使用无衬线字体。因此，Windows Vista中的中文默认字体已经从原来的衬线字体（宋体或细明体）改成为无衬线字体（微软雅黑或微软正黑体）。

另外，为了更好解决衬线字体的显示问题，新的反锯齿和次像素显示（如Clear Type）等技术开始广泛运用。

❶ serif字体分类

西文的衬线体基本上可以分为4类、旧体、过渡体，粗衬线体和现代体，如图6-21所示。

Garamond字体 旧衬线体的字形样本	The Quick Brown Fox Jumps Over The Lazy Dog. **g** ABCDEFGHIJKLMNOPQRSTUVWXYZ abcdefghijklmnopqrstuvwxyz 0123456789
Times New Roman字体 过渡衬线体的字形样本	The Quick Brown Fox Jumps Over The Lazy Dog. **g** abcdefghijklmnopqrstuvwxyz0123456789[]()[]/\<>?
Rockwell字体 粗衬线体的字形样本	The Quick Brown Fox Jumps Over The Lazy Dog. **g** abcdefghijklmnopqrstuvwxyz0123456789[]()[]/\<>?
Bodoni字体 现代衬线体的字形样本	The Quick Brown Fox Jumps Over The Lazy Dog. **g** abcdefghijklmnopqrstuvwxyz0123456789[]()[]/\<>?

◆ 图6-21 serif 字体分类

☆ 旧体

旧体可以上溯到 1465 年，它的特征是：强调对角方向——一个字母最细的部分不是在顶部或底部，而是在斜对角的部分；粗细线条之间微妙的区别——笔画粗细的对比不强烈；出众的可读性。旧体是最接近手工铅字起源的字体。

旧衬线体在制作的时候有严整的斜度规定，加上弧度衬线体现细节，增强了它的阅读性。可是这个做法和研究阅读的心理学家所提倡的"平行字母宽度"认知模型是相矛盾的。

旧体可以再分为 Venetian 和 Aldine 或 Garalde。旧体字体的样本有 Trajan，Jenson（Venetian），Garamond，Bembo，Goudy Old Style 和 Palatino（all Aldine or Garalde）。

Times New Roman 字体，过渡衬线体的字形样本

☆ 过渡体

过渡体（或称为"巴洛克体"）衬线体最早出现在 18 世纪中叶，这类字体

中包括最著名的 Times New Roman（1932 年）和 Baskerville 体（1757 年）。由于在风格上处于现代体和旧体之间，故名"过渡体"。和旧体比较，粗细线条的反差得以强调，但是没有现代体那么夸张。

Rockwell 字体，粗衬线体的字形样本

☆ 粗衬线

粗衬线（亦称"埃及体"）中笔画粗细差距较小，而衬线相当粗大，几乎和竖画一样粗，而且通常弧度很小。这种字体外观粗大方正，各个字母通常是固定的水平宽度，字体表现和打字机一样。这类字体通常被说成是单纯在无衬线字体加上大衬线，因为字母本身的形状和无衬线体很类似，笔画的粗细几乎没有差别。（在粗衬线体中有一个小类叫 Clarendon 体，结构更类似于衬线体，但是有独具特色的弧线。）粗衬线出现在 1800 年左右。具体包括 Clarendon 体、Rockwell 体和 Courier 体等。

Bodoni 字体，现代衬线体的字形样本

☆ 现代体

现代衬线体出现在 18 世纪末，强调了粗细笔画之间的强烈对比，加重了竖画，而把衬线做得细长。大部分现代衬线体的可读性不及过渡体和旧体衬线体。常见字体包括 Bodoni 体，Century Schoolbook 体和 Computer Modern 体。（这类字体在开放源电脑系统中通常随 TeX 和 LaTeX 出现）。

2. sans-serif 字体分类

主要可以分为以下几类：

☆ Grotesque：

Grotesque——早期的无衬线字体设计，如 Grotesque 或 Royal Gothic 体。

☆ Neo-groteque（Transitional or Realist）：

新 grotesque 或称为过渡体——目前所谓的标准无衬线字体，如 Helvetica（瑞士体），Arial 和 Univers 体等。这些都是最常见的无衬线体。笔画笔直，字体宽度比变化没有比人文主义无衬线体那么明显。由于其平白的外观，过渡无衬线体常被称为"无名的无衬线"体。

☆ Humanist：

古典体或称为人文主义体——（Johnston、Frutiger、Gill Sans、Lucida、Myriad、Optima、Segoe UI、Tahoma、Trebuchet MS、Verdana）。这些字体是无衬线字体中最具书法特色的，有更强烈的笔画粗细变化和可读性。

☆ Geometric：

几何体——（Avant Garde、Century Gothic、Futura、Gotham）。顾名思义，几何无衬线体是基于几何形状的，透过鲜明的直线和圆弧的对比来表达几何图形美感的一种无衬线字体。从大写字母的"O"的几何特征和小写字母"a"的简单构型就可以看出，几何体拥有最现代的外观和感触。

其他常用的无衬线字体还包括 Akzidenz Grotesk、Franklin Gothic、Lucida Sans。

6.2 文字编排应用技巧

下面介绍文字编排的应用技巧。

6.2.1 填充文字

在设计文字的时候，还可以使用渐变、图案、图片或纹理等对文字进行填充，以便进一步丰富文字的含义，并为信息图增加美观度。

下面以《什么是绿色消费》信息图的标题"绿色消费，环保选购"为例，介绍一下填充文字的技巧。

☆ 渐变文字：选中文本框，在"绘图工具"下的"格式"面板，选择"文本填充"|"渐变"|"其他渐变"选项，在渐变条上通过单击来添加或删除停止点或拖动来调整停止点，然后在颜色中调整颜色，如图 6-22 所示。

绿色生活　环保选购

绿色生活　环保选购

◆ 图 6-22　渐变文字

☆ 图案填充：选中文本，右击，在弹出的快捷菜单中，选择"设置文字效果格式"
选项，在"文本填充"选项板中，选中"图案填充"单选按钮，选择所需图案
类型后，调整前景色与背景色。前景色和背景色的差别越大，图案就会越清晰，
如图 6-23 所示。

绿色生活　环保选购

绿色生活　环保选购

◆ 图 6-23　图案填充

☆ 图片或纹理填充：选中文本，右击，在弹出的快捷菜单中，选择"设置文字效
果格式"选项，在"文本填充"选项板中，选中"图片或纹理填充"单选按钮，
向文字填充图片或纹理。选择图片时需注意选择图片的颜色，不要降低了文字
的可读性，如图 6-24 所示。

绿色生活　环保选购

绿色生活　环保选购
绿色生活　环保选购

◆ 图 6-24　图片或纹理填充

6.2.2　会话标注中添加文字

会话标注是一种传递说话内容的文字编排形式，一般在漫画中较为常见。在

制作信息图时，使用会话标注能够增加亲切感。会话标注通常会带有一个小尾巴，这个小尾巴指向说话的一方或者与内容相关的对象，并起到附加说明的作用。

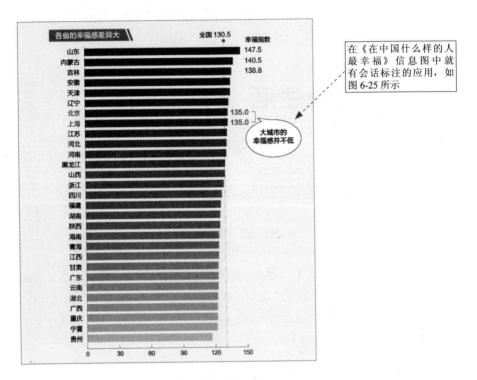

◆ 图6-25　在中国什么样的人最幸福

下面以图6-25中的北京、上海部分为例介绍一下会话标注的制作技巧。

先绘制出北京、上海部分的条形图表，并添加数字标签，如图6-26所示。

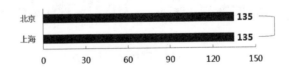

◆ 图6-26　绘制北京、上海部分的条形图表

❶ 绘制会话标注方法一

先绘制一个椭圆形，在"绘图工具"下的"格式"面板，选择"编辑形状"|"编辑顶点"选项，进入顶点编辑模式，把鼠标放到需要添加会话标注小尾巴的红色轮廓线上，右击，在弹出的快捷菜单中选择"添加顶点"选项，如图6-27所示。

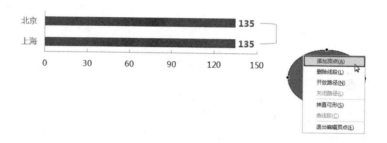

◆ 图6-27　选择"添加顶点"选项

向上拖动新创建顶点右边的顶点，得到所需的形状后，再调整两侧的调整点，并设置形状的格式，即可形成会话标注形状，如图6-28所示。

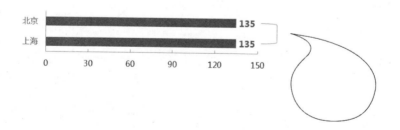

◆ 图6-28　调整形成会话标注形状

在会话标注上右击，在弹出的快捷菜单中选择"编辑文字"选项，即可在会话标注里添加文字，如图6-29所示。

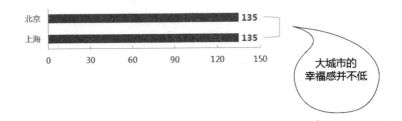

◆ 图 6-29 在会话标注里添加文字

专 家 提 醒

如果不熟悉控制点的使用，就很难通过上述方法得到所需的形状，这种方法的使用需要多加练习。

2 绘制会话标注方法二

使用基本形状也可以创建出会话标注。比如，"圆角矩形＋三角形"或者"椭圆＋三角形"都可以组合成会话标注，如图 6-30 所示。

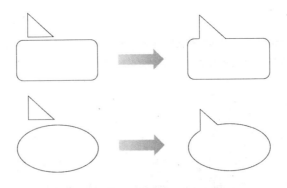

◆ 图 6-30 组合成会话标注

添加文字后，即可应用于信息图中，如图 6-31 所示。

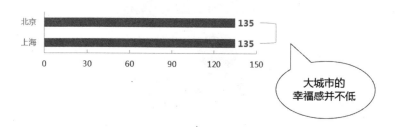

◆ 图 6-31　添加文字

6.2.3　添加双引号

制作信息图时，常常使用双引号来引述他人所说的话，可以增加信息的可信度以及信息的传达能力。

在《你的县委书记有多重要》信息图中，就使用了双引号来引述权威的观点，如图 6-32 所示。

◆ 图 6-32　你的县委书记有多重要

下面在图 6-32 的基础上，画出一个基本结构图，来介绍双引号的制作过程，如图 6-33 所示。

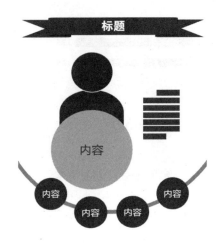

◆ 图6-33　基本结构图

首先，创建文本框，输入双引号的左半部分，并设置双引号的字体、字号、颜色，调整至合适的位置，如图6-34所示。

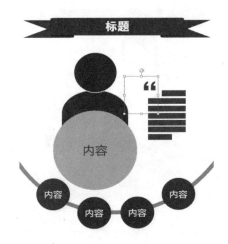

◆ 图6-34　左半引号

其次，复制文本框，输入双引号的右半部分，并将其调整至合适位置，如图6-35所示。

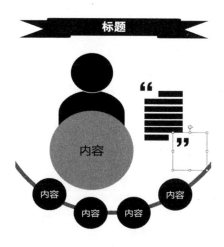

◆ 图 6-35　右半引号

专家提醒

文本框中出现双引号，有时会对其他处理工作造成不便，在这种情况下，可以将双引号转换为图片。

首先，复制有双引号的文本框，粘贴是选择"图片"选项，如图 6-36 所示。

◆ 图 6-36　选择"图片"选项

在"图片工具"的"格式"选项板中，选择"裁剪"选项，即可把双引号转换为图片，如图6-37所示。

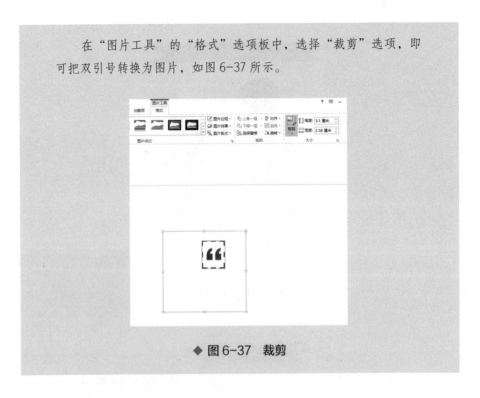

◆ 图6-37　裁剪

6.2.4　用文字填充图形

我们在一些海报中常见一种用文字填充图形的创意，如图6-38所示，这种创意同样适用于信息图的设计中。

谋杀绿脚趾

辛普森一家

◆ 图6-38　文字填充图形的创意电影海报

　　下面以大数据为例，介绍用文字填充图形的方法。

　　首先，用圆形、矩形两种基本图形，组合出"云"的基本结构框架，如图6-39所示。

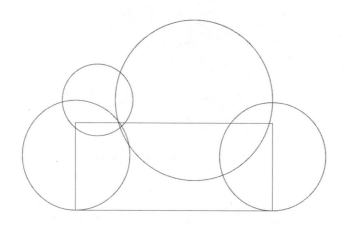

◆ 图6-39　组合出"云"的基本结构框架

　　其次，设置基本构架的格式，如图6-40所示。

◆ 图 6-40　设置基本构架的格式

最后，将文字填充满图形，如图 6-41 所示。

◆ 图 6-41　将文字填充满图形

6.3 文字编排注意事项

文字编排需要注意一些什么事项呢？

6.3.1 选择互补字体

我们在看到很多字体时，会评价这个字体庄重、随性、有趣，优雅等，这些就是字体鲜明的情绪、风格、特征，在设计信息图时，选择的字体应该要符合设计目的。

例如，儿童派对邀请函和商务派对邀请函会因字体而有不同感觉，如图 6-42 所示。

◆ 图6-42 选择互补字体

如果在版面里运用了一个极具风格的字体，就要用一些比较正统的字体与之搭配，形成一种平衡。

比如，下面的个人主页模板的字体就体现了字体互补的平衡，如图6-43所示。

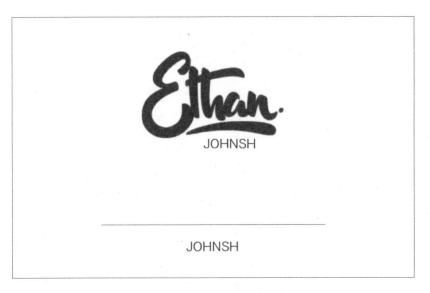

◆ 图6-43　个人展示页

在大标题下方，放上名字，名字的字体用得是一个简单、全大写的无衬线字体。这样不会分散视觉对大标题的注意力，并通过字号的大小展现了主次层次。

6.3.2　建立视觉层次

传统的印刷媒体，比如报纸、杂志都提供了好的案例，告诉读者如何给字体建立视觉层次。

传统印刷媒体通过字号、粗细、行间距、字间距等对版式的大标题、副标题、正文、说明文字等进行设置，形成不同的视觉层次，帮助引导用户阅读，区分主次，如图6-44所示。

报头

大标题

副标题

说明文字

◆ 图 6-44　传统印刷媒体字体的视觉层次

　　不仅传统媒体的标题与正文可以通过字体打造视觉的层次感，其他的设计一样适用。一般来说，最重要的信息通常是字体最大、最粗的，可以第一眼就注意到，如图 6-45 所示。

◆ 图 6-45　字体使突出的重点不一样

6.3.3　考虑使用环境

当你选择字体时，需要考虑设计被读者看到时的环境，以此决定字体和字号，确保文字的可读性，特别需要注意小号字体，英文中的最小号字体最好用大写字母，且增加字母间距，有利于阅读，如图 6-46 所示。

◆ 图 6-46　提高可读性的方法

除了字号，字体样式也会影响可读性。设计师需要决定整个设计是要使用展示类字体，还是更多中性字体。

右图结合了展示类字体
和易于阅读的无衬线字
体作为正文，如图6-47
所示

◆ 图6-47　结合了展示类字体和中性字体

设计时也可以通过流派和历史确定字体的使用环境。

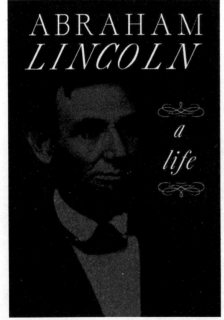

左图是一本林肯传记的
封面设计，使用的是一
种庄严的衬线字体，如
图6-48所示

◆ 图6-48　通过流派和历史确定字体的使用环境

6.3.4 衬线／无衬线混合

在设计选择字体时，"衬线字体" + "无衬线字体"的组合，通常效果不错，尤其是在两个字体的字号还有大小对比的情况下，如图 6-49 所示。

◆ 图6-49 一个衬线字体搭配一个无衬线字体

对于有大量文字的情况时，要考虑设计呈现的载体，一般衬线字体更适合印刷品阅读，而无衬线字体在电子屏幕上更受青睐，无衬线字体在网站上的应用如图 6-50 所示。

◆ 图6-50 无衬线字体在网站上的应用

6.3.5 字体使用对比

除了字体样式上的对比，还有很多方法可以实现对比，包括字体的字号，粗细和颜色等。

下图就是一个典型的字体对比案例，如图 6-51 所示。

◆ 图 6-51 字体粗细形成对比

一个粗厚的字体搭配了一个细瘦的字体，字体差别非常大，但两个字体结合起来展现的效果却不错，由于字体的差异化过大，使得两个字体分别创造了自己清晰的表达区域，使各自表达的信息非常容易区分开。

6.3.6 字体避免冲突

设计选择字体时，字体需要使用对比，但不要有冲突感。在使用差异较大的字体时，推荐使用具有一些相同点的不同字体搭配。例如，字体有同样的比例或是同一高度的小写字母，如图 6-52 所示，这样做的好处是，即使字体的外观完全不同，放在一起也不会觉得看着不舒服。

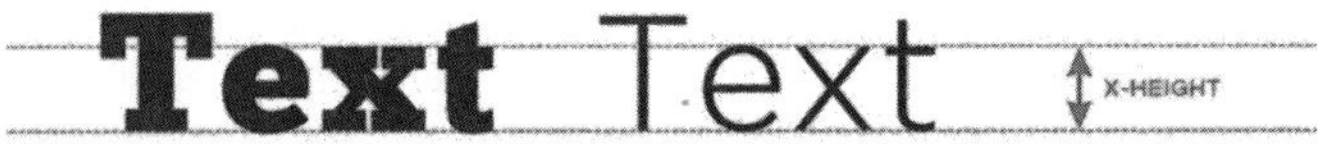

Text Text ↕ X-HEIGHT

◆ 图 6-52　避免字体冲突

6.3.7　搭配避免太相似

信息图的内容一般都会比较多，在选择对比字体时，不宜选择太过类似的，因为类似的字体会很难体现出文字的层次，也就会很难找到重点。

信息图的设计中，如果所用文字的字体具有类似的字号、比例和字母形状，会让信息图看起来混乱、含糊，特别是当字体使用了相同的字号时，如图 6-53 所示。

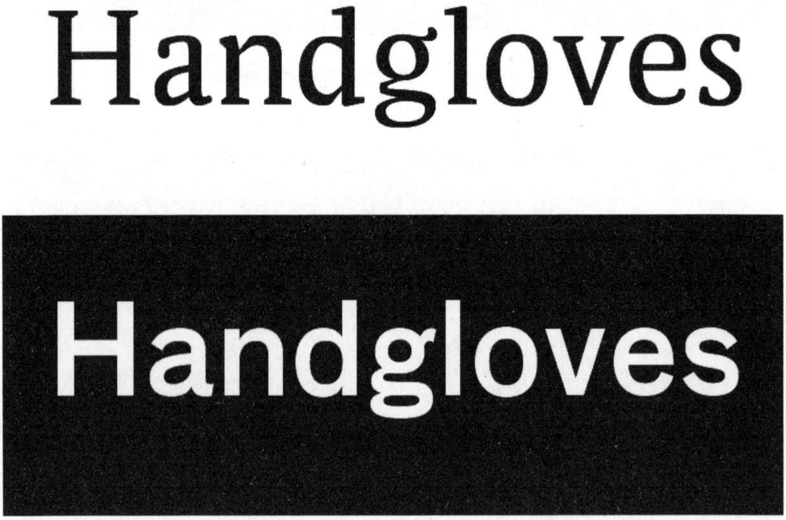

Handgloves

Handgloves

◆ 图 6-53　避免搭配的字体太过相似

专家提醒

有一个简单区分两种字体是否太过相似的方法：把两种字体并排放置在屏幕上，然后坐下来斜视它们。如果这时它们看起来几乎差不多，你就要考虑更换对比更强烈的字体了。

6.3.8 使用同一字系

同一字系里的不同字体就是为了被放置在一起应用而被设计出来的，使用起来更方便、更安全。

一个字系包含了很广的选择余地，这可以确保设计师有足够多的字体使用，以保证达成设计目的，如图6-54所示

◆ 图6-54 同一字系里的字体

当使用同一字系里的字体时，需要仔细考虑字体表现对比的形式。一般来说，就是利用字号、粗细、实例使用情况（比如上下标，小型大写字母等），如图 6-55 所示。

Akzidenz-Grotesk

LIGHT

REG

BOLD

◆ 图 6-55　同一字系

同一字系通常还包含了以下多种样式。

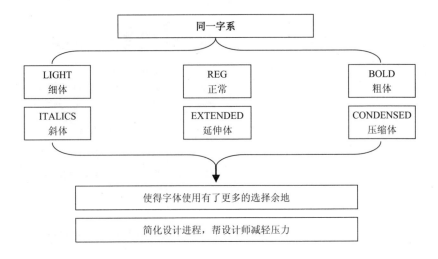

6.3.9 限制字体数量

一般一个信息图里最多使用 2 ～ 3 种字体，这是一种设计经验，并不是硬性要求。

如果说有些主题的设计需要使用复杂的字体搭配，比如，需要呈现某种欧式风格，或者需要添加具有很强装饰性的设计，如图 6-56 所示，那么一定要保持整体效果的协调性，避免版面出现冲突和混乱的情况。

◆ 图 6-56 字体数量不宜过多

专家提醒

有一个好的方法可以帮助设计师精炼所选字体，即在设计中，给每个字体制定特别的定位或目的。

6.4 文字编排优秀作品欣赏

下面欣赏一组字体编排作品，如图 6-57 所示。

◆ 图 6-57　灰昼的英文字体编排效果图

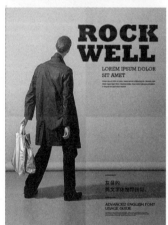

◆ 图6-57　灰昼的英文字体编排效果图（续）

7

CHAPTER

布局
（Layout）

图 × 解 × 力
信息图表设计，一张图读懂枯燥数据

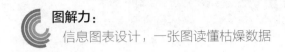

7.1 版式布局是什么

版式布局是指设计师根据主题内容，在有限版面内，将文字、图片 / 图形、色彩等要素进行有组织、有目的的组合、排列的设计行为与过程，如图 7-1 所示。

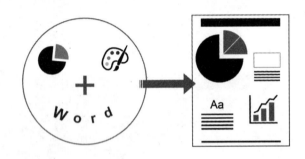

◆ 图 7-1 版式布局

7.2 版式布局的应用范围

版式布局主要应用于以下领域，如图 7-2 所示。

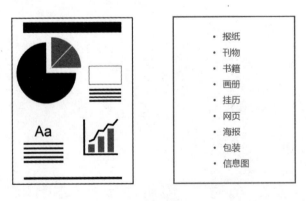

- 报纸
- 刊物
- 书籍
- 画册
- 挂历
- 网页
- 海报
- 包装
- 信息图

◆ 图 7-2 应用范围

7.3 版式布局的基本元素

点、线、面是构成视觉空间的基本元素，也是版式布局的主要语言。布局设计的重点就是经营好点、线、面这3个基本元素，如图7-3所示

◆ 图7-3 版式布局

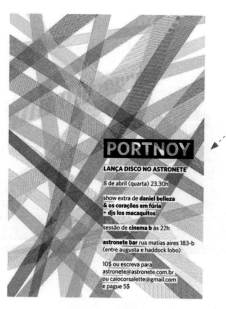

不管版面的内容与形式如何复杂，最终都可以简化到点、线、面上面来，这3个基本元素是相互依存、相互作用的，如图7-4所示

◆ 图7-4 版式布局

7.4 版式布局的形式原理

版式布局的形式原理主要有以下几种，如图 7-5 所示。

版式布局的形式原理

◆ 图 7-5　版式布局的形式原理

7.4.1　重复交错

在版面布局的构成中，可以不断重复使用相同的基本形状或线条，这样的设计会产生安定、整齐、规律的统一，如图 7-6 所示

◆ 图 7-6　整齐的版式布局

但重复构成后的视觉感受有时容易显得呆板、平淡、缺乏趣味性的变化，因此，我们可以在版面中安排一些交错与重叠，可以打破呆板、平淡的格局，如图7-7所示

◆ 图7-7　交错与重叠的点缀版式布局

7.4.2　节奏韵律

节奏与韵律来自于音乐概念，节奏是按照一定的条理、秩序、重复连续地排列形成的一种律动形式。它有等距离的连续，也有渐变、大小、长短、明暗、形状、高低等的排列，如图7-8所示

◆ 图7-8　节奏韵律

◆ 图 7-9　节奏韵律

在节奏中注入美的因素和情感，既个性化，就有韵律，韵律就好比是音乐中的旋律，不但有节奏更有情调，它能增强版式布局的感染力，开阔艺术的表现力，如图 7-9 所示

7.4.3　对称均衡

两个同一形的并列与均齐，实际上就是最简单的对称形式，其特点是稳定、庄严、整齐、秩序、安宁、沉静，如图 7-10 所示。

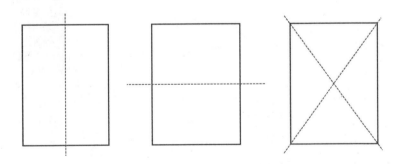

◆ 图 7-10　对称的形式

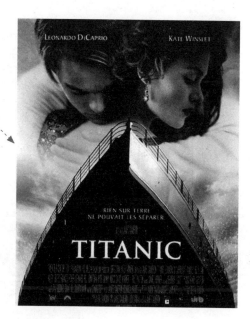

对称是同等同量的平衡。
对称的形式有以中轴线
为轴心的左右对称，经
典电影《泰坦尼克号》
的海报就是左右对称，
如图7-11所示

◆ 图7-11 左右对称

对称的形式有以水平线
为基准的上下对称，《草
叶集》的海报就是上下
对称的典型，如图7-12
所示

◆ 图7-12 上下对称

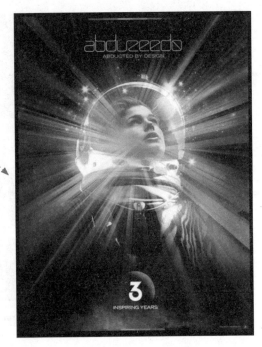

对称的形式有以对称点为源的放射对称，加拿大新斯科舍省哈利法克斯市的图形设计师詹姆斯·怀特的作品就有体现，如图 7-13 所示

◆ 图 7-13　放射对称

7.4.4　对比调和

对比是差异性的强调，对比的因素存在于相同或相异的性质之间。也就是把相对的两个要素在互相比较之下，可以产生对比，如图 7-14 所示。

◆ 图 7-14　对比种类

◆ 图 7-15　对比

对比的最基本要素是显示主从关系和统一变化的效果，如图 7-15 所示

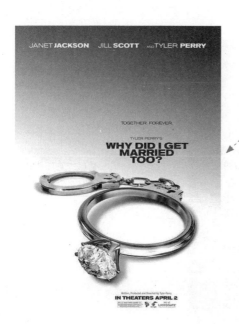

调和是指适合、舒适、安定、统一，是近似性的强调，是两者或两者以上的要素具有共性，如图 7-16 所示。
对比调和是相辅相成的，在版式布局中，一般事例版面宜调和，局部版面宜对比

◆ 图 7-16　调和

7.4.5　比例适度

比例是形的整体与部分
以及部分与部分之间数
量的一种比率。版面布
局的成功在很大程度上
取决于良好的比例，比
如黄金比例，黄金比例
能求得最大限度的和谐，
是版面被分割的不同部
分产生相互联系，如
图 7-17 所示

◆ 图 7-17　比例适度

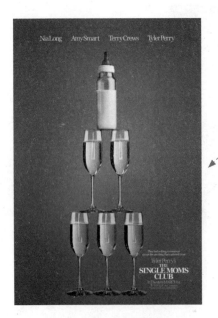

适度是版面的整体与局
部以及人的生理或习性
的某些特定标准之间的
大小关系，也就是排版
要从视觉上适合读者的
视觉心理，如图 7-18 所
示。
比例与适度，通常具有
秩序、明朗的特性，给
人一种清新、自然的新
感觉

◆ 图 7-18　比例适度

7.4.6 变异秩序

变异是规律的突破，是一种在整体效果中的局部突变。这种局部突变，往往是整个版面最动感、最吸引人注意力的焦点，也是其主体含义延伸或转折的始端。

变异的形式有规律的转移、规律的变异，可依据大小、方向、形状的不同来构成不同的特异效果，如图7-19所示

◆ 图7-19 变异

◆ 图7-20 秩序融入变异

秩序美是版式布局的灵魂，它是一种组织美的编排，能体现版面的科学性和条理性。由于版面是由文字、图形、线条等组成，尤其要求版面的布局要有清晰明了的视觉秩序美。构成秩序美的原理有对称、均衡、比例、韵律、多样统一等。

在秩序美中融入变异构成，可使版面获得一种活动的效果，如图7-20所示

7.4.7　虚实留白

留白原是指书画艺术创作中为使整个作品画面、章法更为协调精美而有意留下相应的空白，留有想象的空间。

在版式布局中，巧妙的留白是为了更好地衬托主体，集中视线，打造版面的空间层次，做到"此处无物胜有物"的意境。

留白在此处的运用非常抢眼，因为它真的很大面积。将的视线从 Logo 吸引到另一个角落的主体文字上，如图 7-21 所示

◆ 图 7-21　Jac in a Box

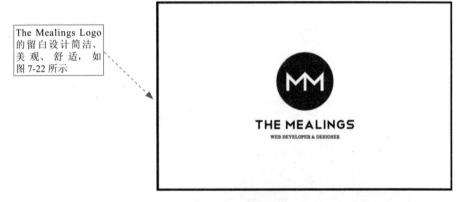

The Mealings Logo 的留白设计简洁、美观、舒适，如图 7-22 所示

◆ 图 7-22　The Mealings

专家提醒

版式设计并非做得越满越丰富就越好，而应该适当地留白，给人留下想象与思考的空间，Lapka 通过阴阳式的留白，将视线吸引到这些小物件上，如图 7-23 所示。

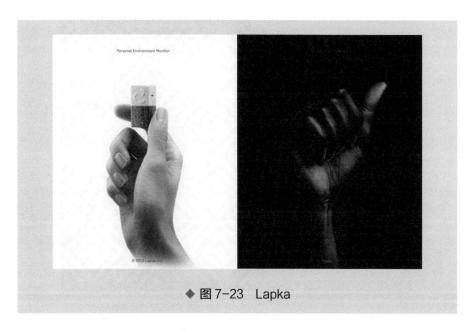

◆ 图7-23　Lapka

7.4.8　变化统一

变化与统一是形式美的总法则，是对立统一规律在版式布局上的应用，如图7-24所示。

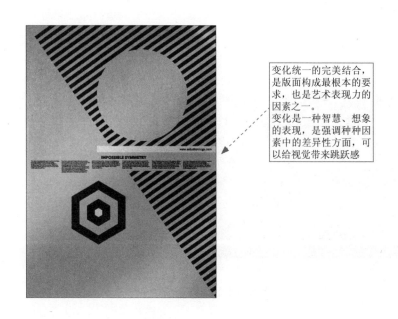

变化统一的完美结合，是版面构成最根本的要求，也是艺术表现力的因素之一。

变化是一种智慧、想象的表现，是强调种种因素中的差异性方面，可以给视觉带来跳跃感

统一是强调物质和形式
是种种因素中的一致性
方面，最能使版面达到
统一的方法是版面的构
成要素要少，而组合形
式要丰富

◆ 图 7-24　变化统一

7.5　信息图版式布局的技巧

版式布局的基本类型有以下几种。

7.5.1　骨骼型布局

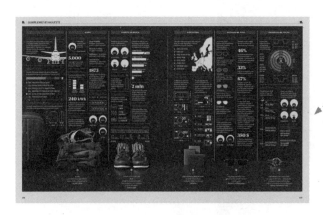

常见的骨骼有竖向
通栏、双栏、三栏
和四栏等。一般以
竖向分栏为多。这
在信息图里也常见，
如图 7-25 所示

◆ 图 7-25　骨格型信息图

图片和文字的编排上，严格按照骨骼比例进行编排配置，给人以严谨、和谐、理性的美。骨骼经过相互混合后的版式，既理性有条理，又活泼而具有弹性，如图 7-26 所示。

◆ 图 7-26　骨骼型信息图

想要制作出双栏信息图，可以按以下步骤操作：

双栏骨骼型信息图的效果图，如右图 7-27 所示

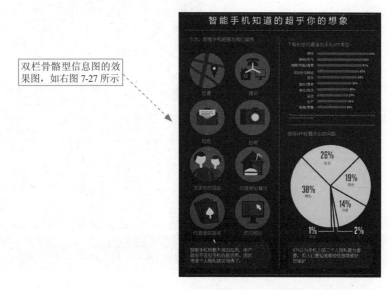

◆ 图 7-27　两栏骨骼型信息图

步骤 1：在 PPT 中，设置幻灯片的大小是纵向的 A3 大小，背景颜色为深青，并画出分栏线，如图 7-28 所示

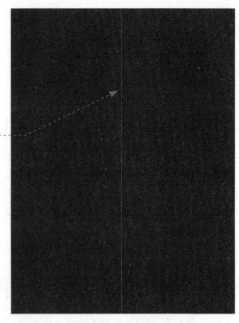

◆ 图 7-28　画出分栏线

步骤 2：在幻灯片的上方添加标题，并调整分栏线的长度，如图 7-29 所示

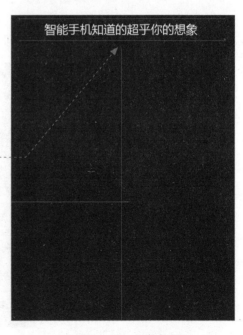

◆ 图 7-29　添加标题

◆ 图 7-30　添加小标题、图标及图注

步骤**3**：在幻灯片的左栏添加相应的小标题、图标及图注，如图 7-30 所示

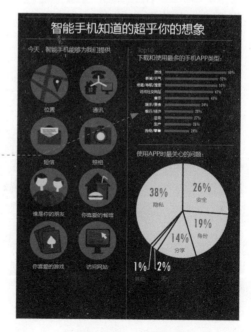

◆ 图 7-31　添加图表

步骤**4**：将幻灯片的右栏分为上下两栏，并添加相应的小标题及图表信息，如图 7-31 所示

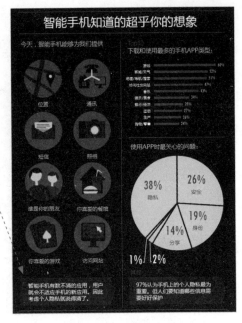

步骤5：在幻灯片的下方添加说明内容，即可完成骨骼型信息图的版式布局，如图7-32所示

◆ 图7-32　添加说明内容

7.5.2　对称型布局

对称的版式，给人稳定、理性、的感受。
对称分为绝对对称和相对对称。一般多采用相对对称手法，以避免过于严谨。
对称一般以左右对称居多，如图7-33所示

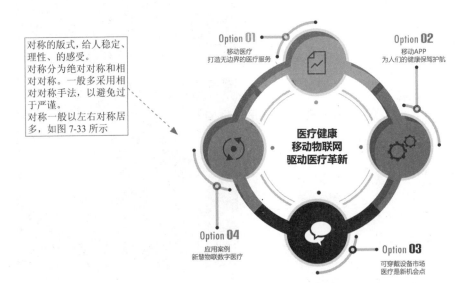

◆ 图7-33　对称布局信息图

7.5.3　三角形布局

在圆形、矩形、三角形等基本图形中，正三角形（金字塔形）最具有安全稳定因素，而圆形和倒三角形则给人以动感和不稳定感，如图 7-34 所示。

◆ 图 7-34　三角形布局

此海报的整体布局结构是明显的三角形布局，彩色的三角形装饰加上三角形构造，将视线牢牢锁在眼睛的部分

一般来说，信息图中的三角形布局主要有以下几种形式，如图 7-35 所示。

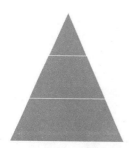

◆ 图 7-35　三角形布局信息图常用形式

想要制作出三角形信息图，可以按以下步骤操作：

步骤1： 在 PPT 幻灯片中插入分段棱锥图，如图7-36所示

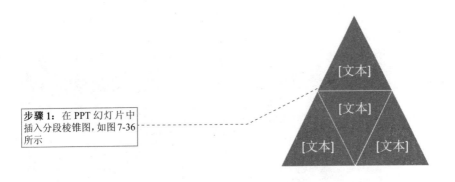

◆ 图7-36　插入分段棱锥图

步骤2： 修改分段棱锥图的颜色，如图 7-37 所示

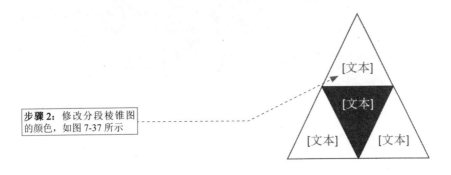

◆ 图7-37　修改分段棱锥图颜色

步骤3： 在分段棱锥图中输入相应的文字，如图7-38所示

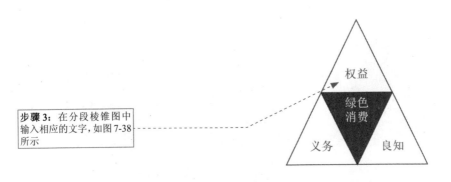

◆ 图7-38　输入文字

步骤4：在"绿色消费"
的每个分点旁，加入注解
文字，如图7-39所示

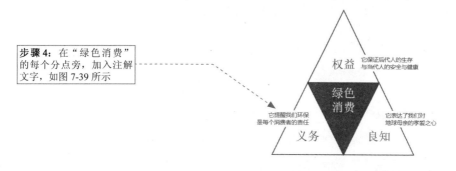

◆ 图7-39　加入注解文字

步骤5：在分段棱锥图上
方添加标题，即可完成三
角形布局信息图，如图7-40
所示

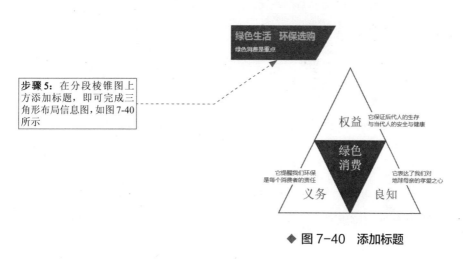

◆ 图7-40　添加标题

7.5.4　并置型布局

并置结构是指将相同或不同的图片做出大小相同而位置不同的重复排列。

并置结构布局的版面有比较、解说的意味，给予原本复杂喧闹的版面以秩序、安静、调和与节奏感，如图7-41所示。

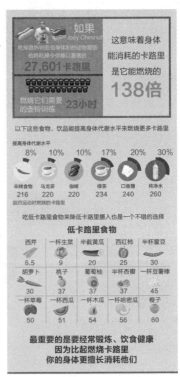

◆ 图 7-41　10 分钟内感受燃烧

《10 分钟内感受燃烧》信息图中的很多部分都是采用的并置型布局，如图 7-42 所示。

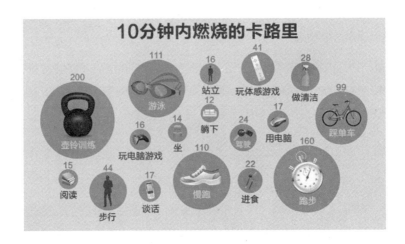

100g所含的卡路里

热狗面包	炸鸡	起司	黑巧克力
462	463	466	501
牛奶巧克力	花生酱	沙拉酱	坚果干果
560	588	631	719

植物油	动物脂肪
884	902

以下这些食物、饮品能提高身体代谢水平来燃烧更多卡路里

提高身体代谢水平

8%	10%	10%	17%	20%	30%
辛辣食物	乌龙茶	咖啡	绿茶	口香糖	纯净水
216	220	220	234	240	260

剧烈运动时燃烧的卡路里

吃低卡路里食物来降低卡路里摄入也是一个不错的选择

低卡路里食物

西芹	一杯生菜	半截黄瓜	西红柿	半杯蜜豆
6.5	9	20	25	30
胡萝卜	桃子	葡萄柚	半杯杏瓣	一杯豆薯棒
30	37	37	37	45
一杯草莓	一杯西瓜	一杯木瓜	一杯哈密瓜	橙子
50	51	54	56	60

◆ 图7-42 并置型布局

那么，以《10 分钟内感受燃烧》信息图的一部分作为示例，想要制作出并置型信息图，可以按以下步骤操作：

> **步骤 1：** 设置 PPT 幻灯片的背景，并在上方添加小标题，如图 7-43 所示

以下这些食物、饮品能提高身体代谢水平来燃烧更多卡路里

◆ 图 7-43　添加小标题

> **步骤 2：** 在小标题下方插入圆环图表，并对应插入图片，形成并置结构，如图 7-44 所示

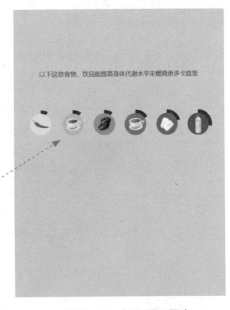

以下这些食物、饮品能提高身体代谢水平来燃烧更多卡路里

◆ 图 7-44　插入圆环图表

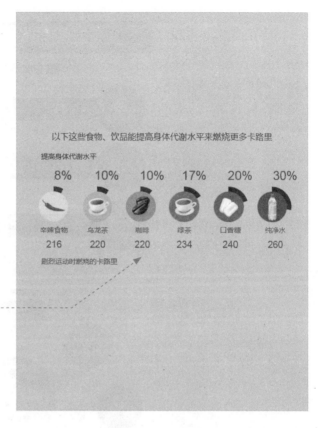

以下这些食物、饮品能提高身体代谢水平来燃烧更多卡路里

提高身体代谢水平

| 8% | 10% | 10% | 17% | 20% | 30% |

| 辛辣食物 | 乌龙茶 | 咖啡 | 绿茶 | 口香糖 | 纯净水 |
| 216 | 220 | 220 | 234 | 240 | 260 |

剧烈运动时燃烧的卡路里

步骤3：在并置结构的上方及下方添加注解，即可完成并置型信息图，如图 7-45 所示

◆ 图 7-45　添加注解

7.5.5　重心型布局

重心型布局一般有以下 3 种类型：

☆ 直接以独立而轮廓分明的形象占据版面中心。

☆ 向心布局，即视觉元素向版面中心聚拢的活动。

☆ 离心布局，犹如石子投入水中，产生一圈一圈向外扩散的弧线运动。

重心型版式布局会产生视觉焦点，可以更好地突出内容，如图7-46所示

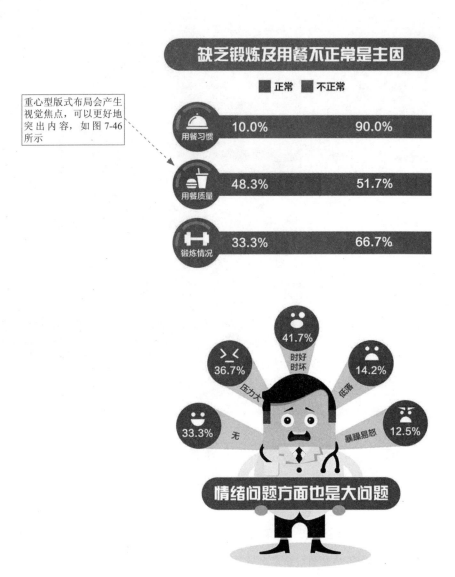

◆ 图7-46　重心型布局信息图

重心型布局的信息图还有很多，如图7-47所示。

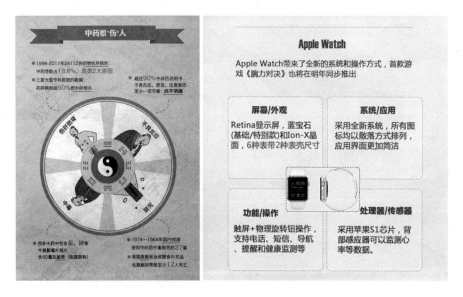

◆ 图 7-47　重心型布局信息图

　　那么，以《iPhone 进化史》信息图的一部分作为示例，想要制作出重心型信息图，可以按以下步骤操作：

步骤 1： 设置 PPT 幻灯片的背景颜色，并在上方添加小标题和简介，如图 7-48 所示

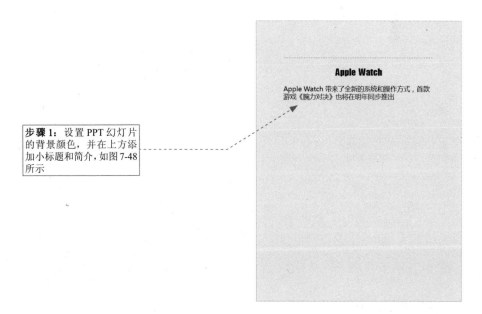

◆ 图 7-48　添加小标题和简介

步骤2： 在简介下方插入带标题的矩阵，并设置矩阵的样式，如图 7-49 所示

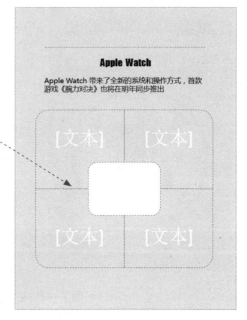

◆ 图 7-49　插入带标题的矩阵

步骤3： 在矩阵的四角输入相应文字，如图 7-50 所示

◆ 图 7-50　输入文字

步骤4： 在矩阵的中间插入图片，即可完成重心型布局信息图，如图7-51所示

◆ 图7-51　插入图片

7.5.6　曲线型布局

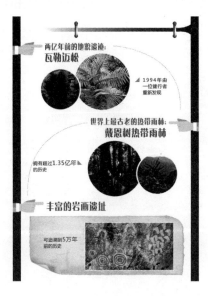

《关于澳大利亚你知道多少》信息图是曲线型布局，如图7-52所示

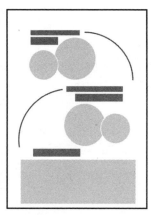

◆ 图7-52　曲线型布局图示

信息图中的图片和文字排列成曲线，产生韵律与节奏的感觉，起到活跃版面的效果，如图 7-53 所示。

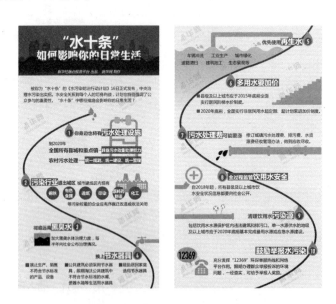

◆ 图 7-53 　"水十条"如何影响你的日常生活

那么，以《iPhone 进化史》信息图的一部分作为示例，想要制作出曲线型信息图，可以按以下步骤操作：

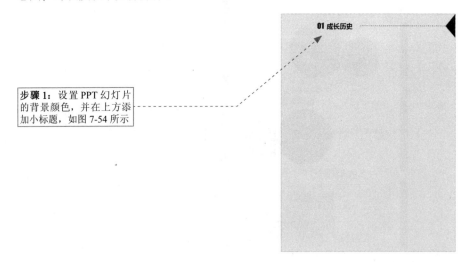

步骤 1： 设置 PPT 幻灯片的背景颜色，并在上方添加小标题，如图 7-54 所示

◆ 图 7-54 　添加小标题

步骤 2：在小标题下方画
出曲线和坐标，如图 7-55
所示

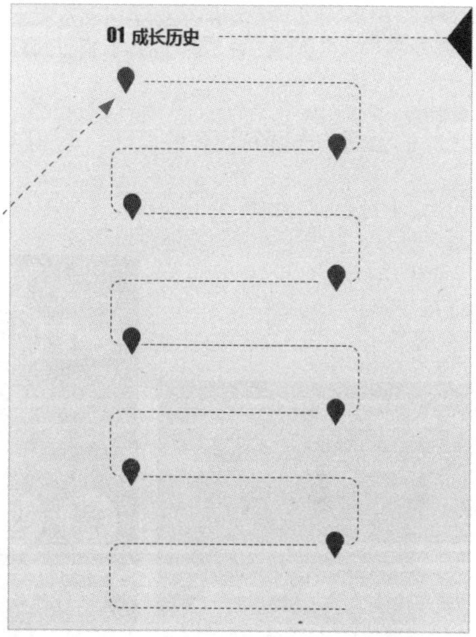

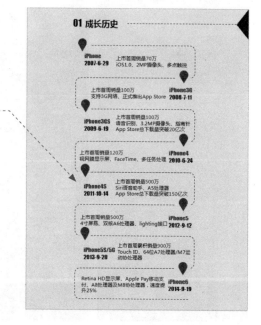

◆ 图 7-55 画出曲线和坐标

步骤 3：在相应的位置中
输入文字，即可完成曲线
型布局信息图，如图 7-56
所示

◆ 图 7-56 输入文字

7.6 信息图布局的注意事项

信息图的布局有很多种设计，也可以任意发挥，但是有些细节是需要注意的。

7.6.1 版面元素不宜杂乱

《读懂中国社交媒体》信息图的版面元素在布局的时候，细节的处理非常到位，如图 7-57 所示

◆ 图 7-57　读懂中国社交媒体

什么叫作版面元素不杂乱呢？其实就是信息图的图标等元素不要随便乱排，可以按照一定的方向、顺序，将元素对齐排列。

我们假设版面的元素是人物象形图标，我们要将这些人物图标排列起来，如图 7-58 所示。

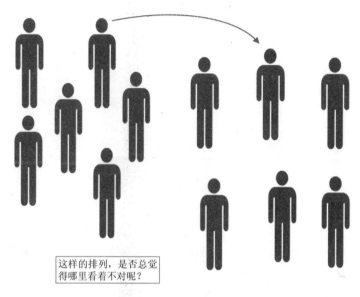

这样的排列，是否总觉得哪里看着不对呢？

◆ 图 7-58　不规则的排列

如果将版式稍微调整齐一点，会不会视觉感受会更好呢？如图 7-59 所示。

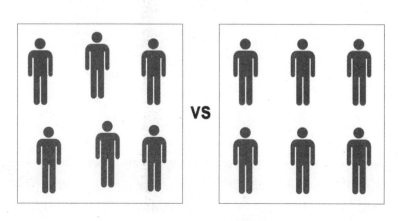

◆ 图 7-59　有规则的排列

为什么会这样呢？如图 7-60 所示。

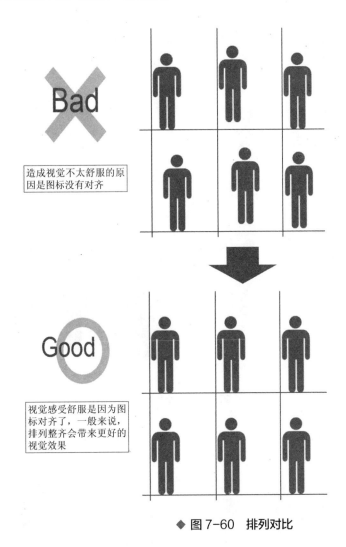

◆ **图 7-60　排列对比**

7.6.2　版面不宜太拥挤

　　信息图的版面有限，但在设计时，又会希望在有限的版面内把所有信息都放上去，但是内容信息过多，在拥挤的版面里找不到表达的重点，就达不到信息图设计的目的。通常这种情况下，设计师必须有效利用空白区域来进行排版布局，适当的保留空间，会更便于阅读，如图 7-61 所示。

信息量过多，画面几乎
没有空白了，不利于读
者阅读

通过改变图片的大小尺
寸，来创造更多的空白，
让阅读更舒适

◆ 图 7-61　版面对比

7.6.3　内容中不宜插图

在视觉心理学中提到，当人们遇到图片将文字隔断的情况时，一般会顺势将视线移向旁边的文字，形成跳读现象，也就是说，读者一般不会想到要跳过图片去接着看文字，所以文字最好连成一体，如图 7-62 所示。

完整的文字中间插入图
片，影响了读者的阅读
视线

移动图片位置，是文字
完整连贯，这样可使读
者顺利完成阅读

◆ 图 7-62　插图位置对比

7.6.4　文字不宜太过花哨

信息图中文字是非常重要的一部分，如果文字处理过度，会影响文字的可读性，继而影响读者的阅读效率。因此，有效地处理文字变化是很关键的，如图 7-63 所示。

过度修饰或选择比较艺术性的文字会降低文章的可读性

简单大方的文字会提高文章的可读性，不仅不会显得眼花缭乱，还会使版面的视觉感受更舒适

◆ 图 7-63 文字对比

CHAPTER

信息图的分类

图 × 解 × 力

信息图表设计，一张图读懂枯燥数据

8.1 表格信息图的制作

表格是指按照一定标准、规则设置纵轴与横轴，将数据进行罗列的信息工具。

8.1.1 什么是表格信息图

表格是一种可视化交流模式，也是一种组织整理数据的手段。

在通信交流、科学研究以及数据分析活动中广泛采用着形形色色的表格，表格会出现在印刷介质、手写记录、计算机软件、建筑装饰、交通标志等地方，随着上下文的不同，用来确切描述表格的惯例和术语也会有所变化。

此外，在种类、结构、灵活性、标注法、表达方法以及使用方面，不同的表格之间也迥然各异。在各种书籍和技术文章中，表格通常放在带有编号和标题的浮动区域内，以此来区别于文章的正文部分。

8.1.2 表格信息图的优势

表格信息图的优势：条理清晰、简洁明了、便于获取信息、支持多种格式，表格文件小、不占内存、更新方便，适用于面向社会公共服务的表格填报业务，如政府公共事业的网上审批、金融、通信服务业等营业厅表格以及行业问卷调查、数据采集等业务，如图 8-1 所示。

球队射门		射门	射正	%	每进一球所需射门次数		
1	恒大	520	221	42.5%	1	富力	6.5
2	鲁能	503	212	42.1%	2	恒大	6.8
3	国安	437	180	41.2%	3	绿城	7.1
4	富力	436	189	43.3%	4	宏运	8.3
5	上港	395	149	37.7%	5	上港	8.4
6	人和	372	134	36.0%	6	国安	8.7
7	申花	372	130	34.9%	7	泰达	9.0
8	舜天	372	151	40.6%	8	申鑫	9.2
9	泰达	368	148	40.2%	9	毅腾	9.5
10	亚泰	355	128	36.1%	10	阿尔滨	9.8
11	建业	339	130	38.3%	11	舜天	10.1
12	毅腾	331	122	36.9%	12	建业	10.6
13	阿尔滨	315	113	35.9%	13	亚泰	10.8
14	绿城	305	120	39.3%	14	人和	11.3
15	宏运	275	111	40.4%	15	申花	11.3
16	申鑫	239	98	41.0%	16	鲁能	12.3

◆ 图 8-1 表格信息图

表格信息图主要是使用 PPT 和 Excel 制作，PPT 拥有强大的表格功能，并可以对其进行编辑、转换，也可以添加文本框、背景、图片、形状等元素对表格进行装饰。

下面介绍表格应用的六大特性与优点：

☆ 版式美观、严肃，与纸质表格同样视觉，在任何应用环境下均保持表格的一致性。

☆ PDF 电子表格的填写支持交互界面。

☆ 表格内容可以很方便导入导出，特别适用于数据采集与统计分析等用途。

☆ 支持在线填写和离线填写。

☆ 支持表格的动态扩展（动态表单）。

☆ 拓展应用：支持电子签章，可以加密，并且能添加安全权限。

8.2 图表信息图的制作

图表设计有着自身的表达特性，尤其对时间、空间等概念的表达和一些抽象思维的表达具有文字和言辞无法取代的传达效果。

8.2.1 什么是图表信息图

图表是将复杂的信息进行整理，使之一目了然的信息工具，它运用线条连接或区分事物，利用箭头让事物呈现出方向性，并配以图形和插图，将事物之间的关系表现得一目了然，如图 8-2 所示。

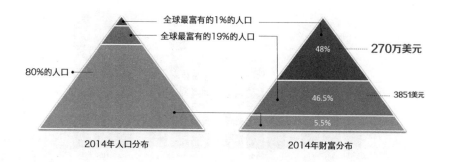

◆ 图 8-2　图表信息图

在图表中伴有时间性要素的有流程图、系统图和链表。以流程图为例，它将事物从开始到结束之间的一系列程序、循环过程加以整理，进行视觉化呈现。换句话说，它是时间顺序加以设计而形成。相反的，组织结构图和关系图主要用来表现各要素之间的相互关系，时间并不是必备要素。

8.2.2　图表表达的特性

图表表达的特性归纳起来有如下几点：

☆ 具有表达的准确性，对所示事物的内容、性质或数量等的表达准确无误。

☆ 信息表达的可读性，即在图表认识中应该通俗易懂，尤其是用于大众传达的图表。

☆ 图表设计的艺术性，图表是通过视觉的传递来完成，必须考虑到人们的欣赏习惯和审美情趣，这也是区别于文字表达的艺术特性。

8.2.3　图表信息图的优势

图表是一种很好地将对象属性数据直观地、形象地"可视化"的手段。

图表泛指在屏幕中显示的，可直观展示统计信息属性（时间性、数量性等），对知识挖掘和信息直观生动感受起关键作用的图形结构。

条形图、柱形图、折线图和饼状图是图表中4种最常用的基本类型，如图8-3所示。按照Microsoft Excel对图表类型的分类，图表类型还包括散点图、面积图、圆环图、雷达图等。此外，可以通图表间的相互叠加来形成复合图表类型。

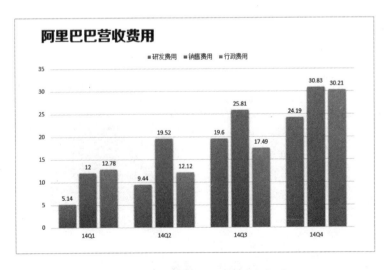

◆ 图8-3　图标信息图的基本类型

不同类型的图表可能具有不同的构成要素，如折线图一般要有坐标轴，而饼状图一般没有。归纳起来，图表的基本构成要素有：标题、刻度、图例和主体等。图表设计隶属于视觉传达设计范畴。图表设计是通过图示、表格来表示某种事物的现象或某种思维的抽象观念。

❶ 图表的应用

今天，大众传播进入了更为激烈的竞争时代，对信息的梳理和传达更加重视。图表设计的独特表现形式被广泛地应用在自然科学、社会学、经济学、大众传播学等许多方面，如图8-4所示。

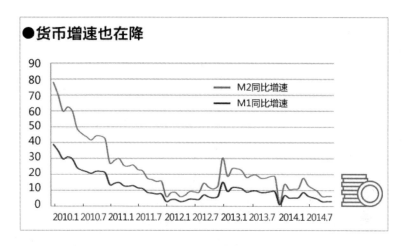

◆ 图 8-4　图表信息图

❷ 图表的表达特性

图表设计有着自身的表达特性，尤其对时间、空间等概念的表达和一些抽象思维的表达具有文字和言辞无法取代的传达效果。

图表表达的特性归纳起来有如下几点：第一是具有表达的准确性，对所示事物的内容、性质或数量等处的表达应该准确无误；第二是信息表达的可读性，即在图表认识中应该通俗易懂，尤其是用于大众传达的图表；第三是图表设计的艺术性，图表是通过视觉的传递来完成，必须考虑到人们的欣赏习惯和审美情趣，这也是区别于文字表达的艺术特性。

8.3 图形信息图的制作

制作信息图的目的是在于用图像的形式表现出需要传达的数据、信息和知识。

这些图形可能由信息所代表的事物组成（或者说相关事物的抽象图形），也可能是简单的点、线、基本图形等，当然也可以是手动制作图表、绘制图形，信息图示中的元素未必要和所表达的信息在语义上一致，但是必须达到向受众清晰传达正确信息的标准。

8.3.1　什么是图形信息图

图形信息图是指数据、信息或知识的可视化表现形式。信息图形主要应用于必须要有一个清楚准确的解释或表达甚为复杂且大量的信息。

例如，在各式各样的文件档案上、各个地图及标志、新闻或教程文件，表现出的设计是化繁为简，如图 8-5 所示。

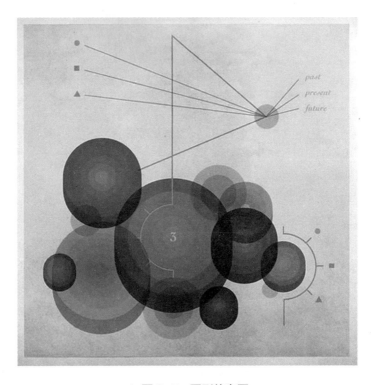

◆ **图 8-5　图形信息图**

制作信息图的目的在于用图像的形式表现出需要传达的数据、信息和知识。

这些图形可能由信息所代表的事物组成（或者说相关事物的抽象图标），也可能是简单的点、线、基本图形等，当然也可以是手动图表画几个图标。

信息图示中的元素未必要和所表达的信息在语义上一致，但是必须达到向受众清晰传达正确信息的标准。

信息图标与动态影像的区别：如果信息图示数量太多的话，动态影像是呈现所有内容的一种非常好的表现形式（类似 PPT 中通过动画在一页中显示大量图表），但是信息图标是图（图形），也就是说，是静态的。

8.3.2　什么是图形符号

图形符号，就是利用图形通过易于理解、与人直觉相符的形式传达信息的一种载体。在大街上、商场里、机场、医院、美术馆等大量人口汇集的公共场合，常常能看到图形符号，如图 8-6 所示。

◆ 图 8-6　公共场所图形符号

有些是指示方向的标记，指引人们前往某处，有些则像安全出口标记那样，在安全方面是不可或缺的，如图 8-7 所示。

◆ 图 8-7　安全图形符号

　　图形符号的设计原则是尽可能不使用文字，因为经常会有语言不通而无法理解的情况。另外，如果采用文字，缩小后会大大增加阅读的难度，设计上也会显得不够精炼。不管如何总会遇到一些通过纯粹的图像来大表达的信息，这时就难免需要用文字加以补充说明。

 统计信息图的制作

　　统计图是利用点、线、面、体等绘制成几何图形，以表示各种数量间的关系及其变动情况的工具，表现统计数字大小和变动的各种图形总称，其中有条形统计图、扇形统计图、折线统计图、象形图等，如图 8-8 所示。

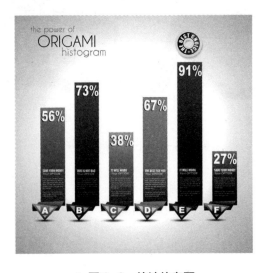

◆ 图 8-8　统计信息图

在统计学中把利用统计图形表现统计资料的方法称为统计图示法，其特点是：形象具体、简明生动、通俗易懂、一目了然，其主要用途有：表示现象间的对比关系；揭露总体结构；检查计划的执行情况；揭示现象间的依存关系，反映总体单位的分配情况；说明现象在空间上的分布情况。

8.4.1　什么是统计图

常用的统计图，根据主要功能，可以将其分为两类，一类是添加变化或者比较关系的柱形图及折线图元素的平面统计图，另一类是添加体现某种要素在整体中所占比例饼状图的立体统计图。

在这些统计图中，常用的有条形图、柱形图等，如图 8-9 所示，它们不仅可以用于表现单一的数据，也可将多种数据进行并列比较，还可以图形进行艺术加工，图形本身也能采用其他的象形符号来表现。

◆ 图 8-9　统计信息图

　　另外，当参与比较的数据差异较大时，可将图形转变为圆形或者正方形等紧凑的图形，通过其面积的不同来进行比较，更进一步的话，还能使用立方体、球体、用体积的形式来表示。

　　统计图的种类很多，各自的性质也不同，要掌握各自统计图的特征，灵活运用。除此之外，在制作数据统计图时，充分考虑自己的表达意图也是十分重要的。

8.4.2　统计图的立体表现形式

　　使用简单的平面图形元素，完全可以将想要表述的内容表达出来，报纸上经常出现这种平面的统计图，如图 8-10 所示。这些统计图只是将事实用便于理解的方式呈现出来，至于对内容及其结论的判断则完全取决于读者，统计图具有这种中立、客观的特点。

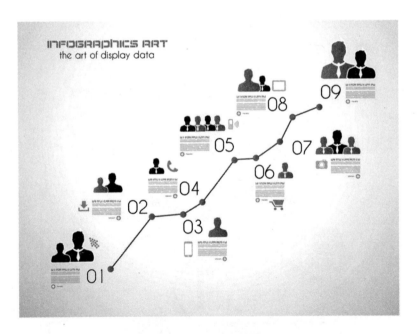

◆ **图 8-10　平面统计图**

　　立体化的统计图或多或少地会比平面的统计图更具有张力，当希望引起读者的注意时，或者希望读者能感受到更剧烈的变化时，立体化的统计图是十分有效的方法，如图 8-11 所示。所以在演示、公司介绍、电视节目中常使用立体统计图，但有一点要注意，不能让读者产生误解。

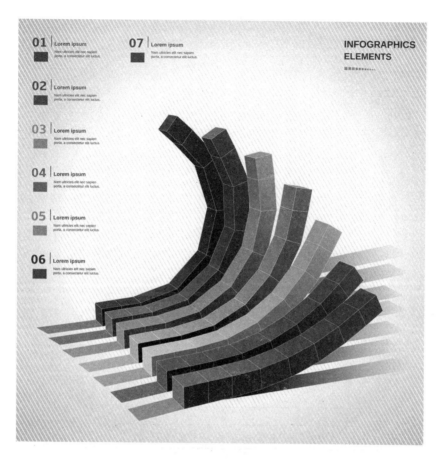

◆ 图 8-11 立体统计图

统计图可以向不同的方向延伸，例如，如果右方有太阳，那么地面上的实体就会在左下角留下投影。要进一步深化人们对统计图的印象，对统计图所表示的数据展开具体的想象是比较简单的方法。

8.4.3 统计图的基本属性

统计图的 8 个基本属性，如图 8-12 所示。

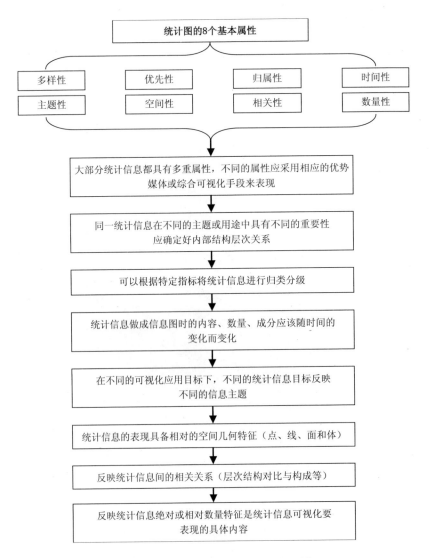

◆ 图 8-12　统计图的 8 个基本属性

8.5 图解信息图的制作

有些东西仅靠语言是无法有效地传达，例如概念、产品使用手册、组装方法、结构、博物馆等场所的指示图、体育运动规则等。

若要有很好的解释，需要通过插图或者运用图表、统计图与地图等相配合，或者是使用电脑制作网页版和合成相片来进行说明，有时也会以肉眼看不到的视角来进行说明，讲解内部结构。

在某些情况下，不使用任何文字也可以有效地传达，但大多时候，信息图设计需要配以文字补充讲解，接下来向用户介绍图解信息图的特点，以及使用制作图解信息图的软件。

8.5.1 图解信息图是什么

图解是指利用图形来分析和演算，主要是运用插图对事物进行说明。

之前图解、图表、表格、统计图、地图和图形符号被统称为"图解"，但是作为信息图这种新兴的可视化信息表现形式中的一部分，"图解"指的是狭义上的图解。

图解信息图是以图片、图形、图表、表格以及文字等元素解释分析数据信息，以图片的形式展现信息，如图 8-13 所示。

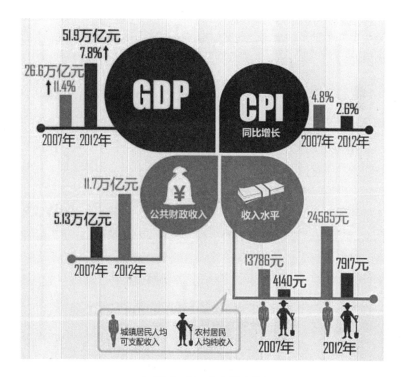

◆ 图 8-13　PS 信息图

8.5.2 图解信息图的优势

图解信息图通过筛选信息，综合信息，对其进行对比分析，关注读者最想知道的部分，表现主题魅力，吸引读者的目光，创先出肉眼看不到的内部结构，引起读者的兴趣，当然视角的选择很重要。

将区别简单易懂地呈现出来，简略表达改行为产生的现象，考虑读者的阅读感受与立场，以美感消除恐惧，通过比喻，通俗易懂地表现出长时间内发生的事情，仅在读者关注的部分添加颜色，运用插图准确表达主题，可以制作模型，也可以利用箭头演绎空间与时间，帮助理解。

有些东西仅靠语言无法有效传达，例如概念、产品使用手册、组装方法、结构、博物馆等场所的楼层指示图、体育运动规则等。在某些情况下，不使用任何文字也可以有效地传达，但大多数，信息图设计需配以文字补充讲解。

 地图信息图的制作

本章主要介绍地图信息图，地图信息图及将某个地域中的事物缩小后绘制在平面上的图形。

8.6.1 什么是地图

地图是将真实世界转换为平面，在此过程中必然要将某些东西略去，实际上，说"省略"是绘制地图中最为重要的关键词也不为过，如图 8-14 所示。

有国土地理院发行的比例是 1：10000 的地形图或者是日本全境（伊东地区）的 1：25000 地形图，都是将现实世界按比例进行缩小，尽可能忠实的将地形呈现在平面上的测绘图。但是，如果将道路与河流宽度、复杂的海岸线等信息如实反映在地图上，就会使地图难以辨认。这些在地图上，都根据标准进行了人为的省略。

此外，地图中还大量使用了图例来代替繁复的文字说明，另外，山峦的起伏及河川的坡度等地形上的凹凸变化，都用上了等高线进行了省略，是信息图清晰的反映在平面上。用测绘图上的经纬度数据和标高数据，就可以确定地球空间上的任意一点。地形图上所标注的等高线，其意义十分重大。

◆ 图 8-14　地图信息图

8.6.2　信息地图的分类

　　常见的地图基本上都是上述地形图为基础绘制而成的。根据侧重的信息不同，地图有许多不同的风格，其中最为基础的就是地形图。地图唯一的目的就是提供正确的位置信息，这也是绘制地图的首要原则。

不同的信息图均含有不同的信息，例如，旅行指南所使用的提供某个区域概观的俯视图。房产商使用的住房与周边生活设施的区域地图、地铁和公交等路线图、机场和车站等使用的楼层指南、观光地所使用的导游图、鸟瞰图、购物指南图等，如图 8-15 所示。

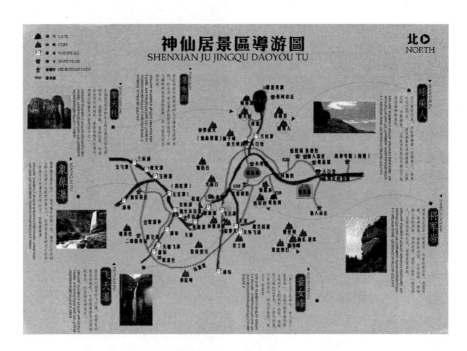

◆ **图 8-15 地图信息图**

这些图首先都是以地形图为基础，选出道路、地形、建筑物等对象，然后在其基本信息上加注必要的信息构成的。所以在制作过程中，即使防伪、距离略微出现偏差也无妨，只要能把握住基本信息就可以了。

不论是哪种信息地图，最重要的都是让看图的人能够快速找到自己所处的位置。要想制作出方便实用的地图，就必须遵循这个大原则。所以，要避免出现会让使用者产生困惑的不必要信息，这一点是非常重要的。此外，要采用能够凸显地形或是四周道路特征的表现形式或不同颜色，这是在地图制作过程中的另一个重点。

目的不同，信息地图可以分为将整个区域的布局或结构完整呈现出来的地图和将特定对象突出展现的地图两大类。

8.6.3 地图的制作流程

地图的制作流程如图 8-16 所示。

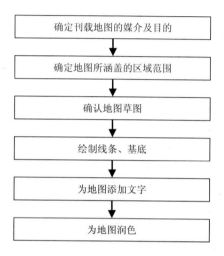

◆ 图 8-16 地图的制作流程

信息图的
设计流程

图 × 解 × 力
信息图表设计，一张图读懂枯燥数据

9.1 步骤 1：确定主题

在人类存在的 20 万年时间里，大多数时间（97% 以上）我们都依靠阅读各种图像来感知环境、获取信息。

而文字直到 5 500 年前才出现，因此，从自然适应和生物进化的角度来说，我们的大脑对图像更敏感。

从传播学的角度，这意味着以图片为载体的视觉叙事更加引人注意，更容易获得人们的好感。

随着社交媒体的爆发，人们每天接触的信息量正在成倍增长，信息要吸引到目标受众的注意力，比以前要困难得多。

信息图通过图片，将文字信息和数据信息重新包装，衬上一些点缀图案，形成像画卷一般赏心悦目的内容，给读者提供一种最享受的轻量化阅读体验。

有趣的信息图很容易引起人们的注意，增加关注者的数量，在社交媒体中是一种非常灵活、流行的传播工具。

如果你想在社交媒体中获得更多的关注，那么就有必要学习一下如何做出一张有价值、有传播力的信息图，而不是简单地将一些文字和图片结合在一起。

综上所述，优秀的信息图一般有以下 5 个条件。

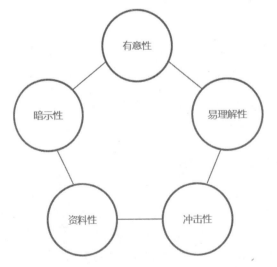

☆ 有意义的视觉要素。

☆ 简洁、有亲和力、易于理解。

☆ 有冲击力，引人注目。

☆ 内容有价值，可以作为资料保存。

☆ 可以激发受众的灵感。

9.1.1　认识主题

信息图的发布平台也有很多，不同的平台对于主题的划分也不同。

下面是国内信息图的主要发布平台，我们可以看一看平台的主题分类，如图 9-1～图 9-3 所示

◆ 图 9-1　云图网主题分类

◆ 图 9-2　网易数读

◆ 图 9-3　新浪图解天下

下面是国外信息图共享网站，我们可以看一看网站的主题分类，如图 9-4 ～
图 9-6 所示

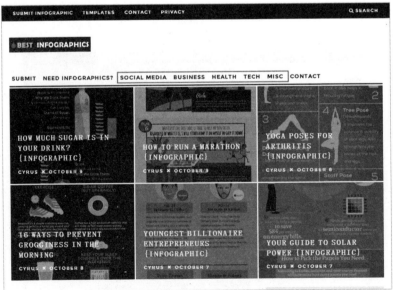

◆ 图 9-4　.Best-Iinfographics

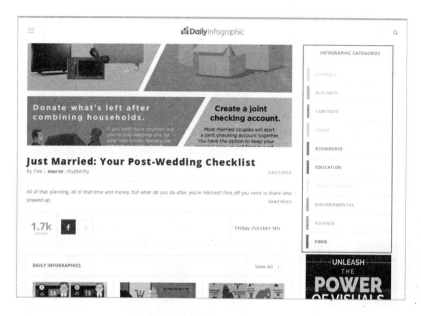

◆ 图9-5　Dailyinfographic

◆ 图9-6　infogra.me

信息图的主题多种多样，下面来看看不同主题的信息图。

❶ 社交媒体

社交媒体已经是网络用户生活中不可分割的一部分，那么你知道社交媒体用户总体上有哪些特征吗？这张信息图将从性别、地区、种族、收入等几个方面来整体介绍社交媒体用户，如图 9-7 所示

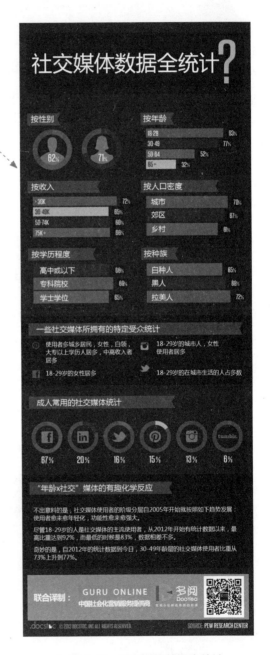

◆ 图 9-7　社交媒体数据全统计

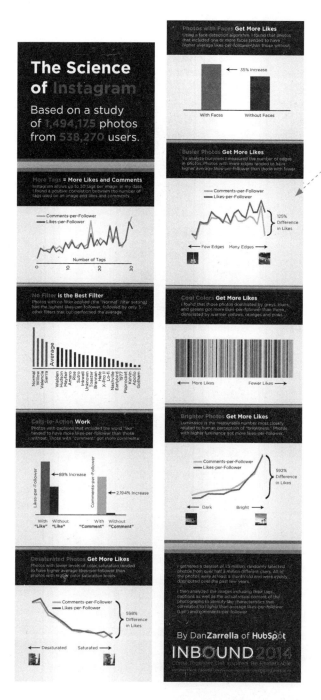

许多顶级品牌都在使用
Instagram 与它们的粉丝
互动，为什么 Instagram
可以得到那么多用户的
喜爱？这张信息图告诉
你答案，如图 9-8 所示

◆ 图 9-8　The Science Of Instagram

❷ 科技

可穿戴设备即直接穿在身上，或是整合到用户的衣服或配件的一种便携式设备。

可穿戴设备不仅仅是一种硬件设备，更是通过软件支持以及数据交互、云端交互来实现强大的功能，可穿戴设备将会对我们的生活、感知带来很大的转变。

这张信息图对 2014 年可穿戴设备的用户情况做了一个总结，如图 9-9 所示

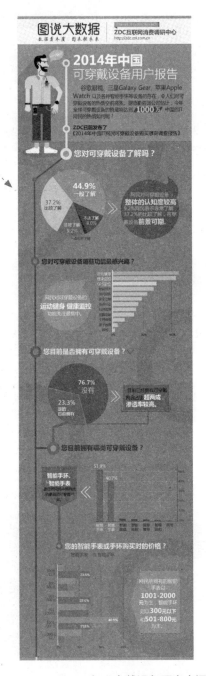

◆ 图 9-9　2014 年可穿戴设备用户大调查

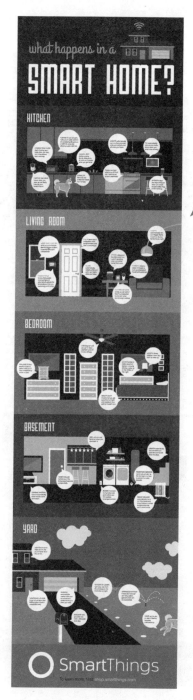

家庭自动化既是现在又是未来。

目前已经出现了大量的智能家居产品，你可以通过智能家居让你的家更智能化。

这个信息图介绍了智能家居给人们生活带来的变化，如图 9-10 所示

◆ 图 9-10　What Happens In a Smart Home

❸ 通信

如今4G是移动圈、手机圈内的热门话题，众多运营商和手机制造商都在宣传新一代通信设备和服务，宣传中夹带了各种让人不知所云的术语和数据，比如，常见于报道中的LTE，LTE-A和载波聚合技术。这个信息图会让更多人更容易了解这些术语背后的含义，如图9-11所示

◆ 图9-11 LTE Advanced：下一场比赛

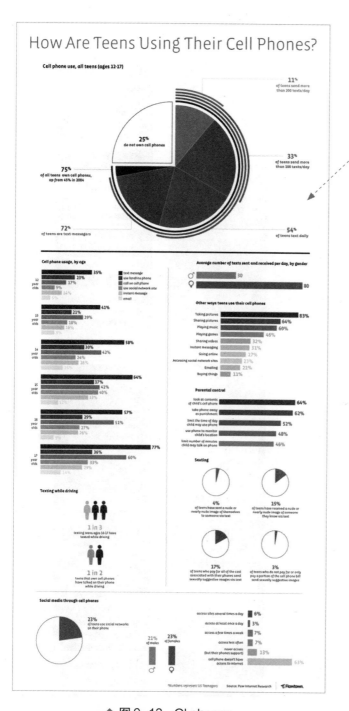

这个信息图介绍了青少年使用手机的情况，如图 9-12 所示

◆ 图 9-12　GI phones

❹ 游戏

2014 年游戏资本市场动作频频，投资银行 Digi-Capital 为此发布了全球游戏投资报告，并做出了一些总结与分析。
报告指出截至第三季度有关游戏业收购交易的金额达到 133 亿美元，相当于 2013 年全年的两倍，如图 9-13 所示

◆ 图 9-13　全球游戏投资领域大事件

◆ 图9-14　How to Develop Addictive Mobile Games

智能手机普及的时代，手游也发展得很快。
一个手游开发者，需要不断地创新，并建立手游与玩家之间的纽
带关系，以保证玩家会不断回来玩。
这个信息图就展示了令人欲罢不能的手游特色，如图9-14所示

⑤ 经济

阿里巴巴 2014 年财报图解，如图 9-15 所示。

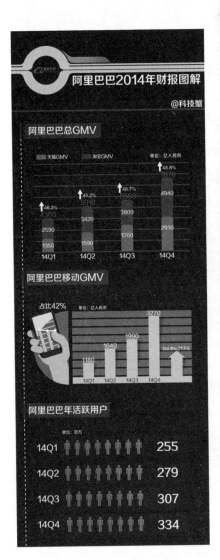

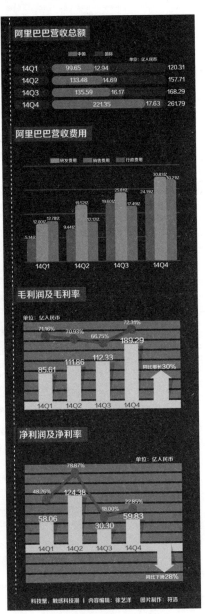

◆ 图 9-15　阿里巴巴 2014 年财报图解

Guide To Setting Up Your Own Business（创业指南），如图 9-16 所示。

◆ 图 9-16　Guide To Setting Up Your Own Business（创业指南）

❻ 美食

调查显示，有49%的消
费者通过社交网站了解
食物，9%曾经下载过
关于食物的手机应用。
发条微博说说自己刚吃
下去的美味、浏览烹饪
博客看看菜谱、找找最
近广受好评的新餐厅，
越来越多的美国人借助
社交网络来满足自己对
美食的欲望，如图9-17
所示

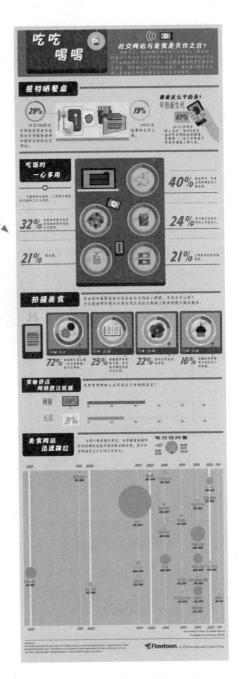

◆ 图9-17　社交网络与美食

蓝莓是美国人喜欢的一种小零食，这是因为吃蓝莓有很多好处。

蓝莓的果肉里有很多纤维和维生素 C，这些对健康都是大有好处的。而且蓝莓有利于心血管健康和大脑健康，并有助于降低癌症风险，如图 9-18 所示

◆ 图 9-18　Blueberries: A Handful of Health

❼ 旅游

线上旅行市场，如图 9-19 所示。

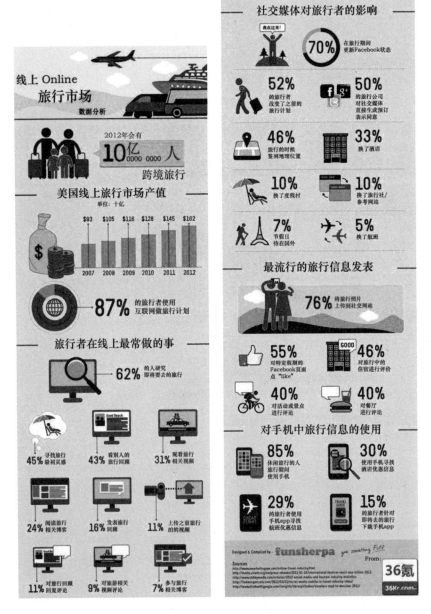

◆ 图 9-19　线上旅行市场

Londoner's Guide to London（当地人推荐的伦敦旅游指南），如图 9-20 所示

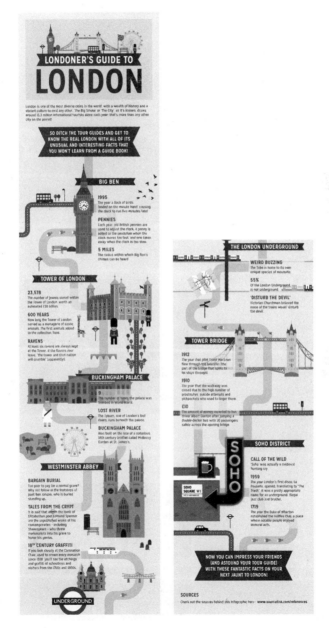

◆ 图 9-20　Londoner's Guide to London（当地人推荐的伦敦旅游指南）

9.1.2 利用目的确认主题

和之前的图形符号、图表一样，信息图也要利用目的开始制作。信息图的制作需要对以下 3 个问题进行确认。

❶ 为什么？

要明确制作信息图是为了什么，如果是为了简洁明了地传达信息，那么也许不需要信息图，图表就可以搞定，如果只是为了吸引人们的注意，那么一些图形符号就能做到。所以，一定要明确其用途、目的。

❷ 在哪里？

要明确在哪里发布信息图，是纸质媒体还是网络媒体。因为纸质媒体会对信息图的尺寸有一个限制，而网络媒体则显得比较无拘无束，纵使是细长的信息图，也可以通过滚动条下拉浏览。

❸ 对什么人？

要明确信息图的目标受众是什么人。这一点关系到内容的细节处理，比如，一个概念性的内容，如果目标受众是专业人士，就可以概要性说明，如果是向大众普及，则需要说得非常详细。

9.1.3 选定主题

根据之前确认主题的目的，可以对主题进行选定。主题的选定是进行下一步的前提，没有主题，就无法进行资料的收集整理，也无法完成信息图的制作。选定主题时也可以参考之前介绍的分类，顺一下思路。

接下来的流程需要通过具体的例子来说明。为了说明流程，我们选用一个"大城小床 VS 小城大房"的主题，这个主题是很多刚毕业的"小鲜肉"们需要面对的，也是作为一个社会热点，备受关注的，所以相对而言，调查的数据会比较多。如果是刚开始设计信息图，推荐从易于找到资料的主题下手。

9.2 步骤 2：调查

选定了主题后，就要开展相关信息的调查。而调查最需要注意的就是信息的可信度，一般信息的获取途径有两种，一种是从信息图制作的委托人那里获取，另一种是制作者收集信息。

如果是制作者自己收集信息，可以采取以下方法：

☆ 请调查公司协助，或直接购买调查公司的调查数据。

☆ 进行问卷调查。

☆ 从报纸、杂志、书籍等传统纸质媒体上收集信息。

☆ 在可靠的网站上收集信息。

专家提醒

数据作为信息图的基础内容，要可靠可信才能准确表达出你的观点，并且说服你的读者。当你已经确定好目标和主题，而苦于没有相关数据时，这里有几个网站可以帮助你。

例如，谷歌的公共数据库 Public Data（如图 9-21 所示）、搜索趋势排行 Google Trends（如图 9-22 所示）可以帮你了解公众的兴趣热点。

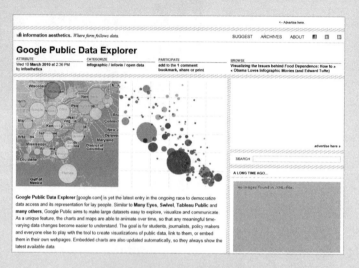

◆ 图 9-21　Google Public Data

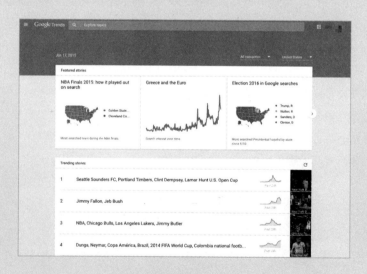

◆ 图 9-22　Google Trends

一些公共的人口普查数据，比如，美国的 Census.gov，如图 9-23 所示，也可以提供很多有用的基础数据。

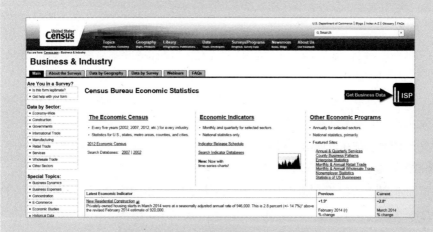

◆ 图 9-23　美国的 Census.gov

如果你想得到一些更加详细、有价值的数据，IBM 的 Many Eyes 数据库是不错的选择，如图 9-24 所示。

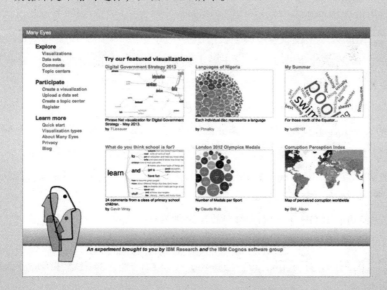

◆ 图 9-24　IBM 的 Many Eyes 数据库

在筛选具体的数据时，要专注于设定的目标，让数据为目标服务，选择那些对你的传播目标最有帮助的数据。有价值的数据可以吸引到更多读者的关注，引起更广泛的传播。

从新华网上，我们找到与主题相关的信息，以及相关的调查图表，信息如下：

☆ **北上广 VS 二、三线城市，优势各不同**

平等的竞争环境，开放包容的姿态，是一线城市吸引人才的利器，在这些方面，"北上广"依旧保有不可替代的优势。

但想真正留在大城市困难重重，望而生畏的房价、户口限制等让许多人对大城市缺少归属感，生存压力、心理压力都很大。

而相对于二、三线城市来说，更有人情味和更高的生活质量一直是吸引人的魅力所在。

☆ **五个超级城市群，毕业生们心动吗？**

从调查数据中可以看出，选择五大城市群的毕业生占81.3%，而"更大的发展空间和优质资源"、"更好的社会福利和工资待遇"是毕业生选择城市群最看重的两大因素。

城市群如果要想更好地吸引优秀毕业生，就要为大学生职业发展创造更公平的环境，帮助大学生在职业发展上获得更多空间。

16.31%的毕业生选择了"城市魅力及文化"，可见随着就业形势和择业心理的变化，吸引他们前去工作的，不一定是大而全的城市规模，而可能是某个地方的具体特点，比如靠海边、风景好、文化气息浓厚等。

所以，让选择二、三线城市毕业生的心定下来，软环境因素也是一个很重要的方面。如果二、三线城市吸引了优秀年轻人后，就业软环境依旧不变，放任岁月磨平他们的"棱角"，那么它们只是吸引过来了人，并没有吸引来发展的驱动力。

☆ **一步一个脚印，择一城而奋斗**

选择不同的城市开始自己的职业生涯或许因此让你的人生轨道得以改变。大学毕业生不能迷恋一线城市的繁华，也不要贪恋小城市的安逸，关键要了解自己想要的东西，了解自己的性格特点，了解自己是否真愿意并能适应大城市的快节奏。

无论是坚守一线城市，还是回到二、三线城市，对于毕业生们来说，其实，选择什么都没有对与错，而在于你自己的状态，别人走过的路都是参考，你就算沿着别人走过的路，也一定走不出跟别人一样精彩的人生。

在学校接受良好教育的目的，就是应该正确认识人生，进而好好规划生涯，去做自己认为值得的事情。不管在哪里，选定了一个地方，就要把那里当成是自己的家，在所在的地方，向下扎根，向上开花，无论身处何方，总能寻得人生的幸福。

9.3 步骤 3：整理内容

将收集到的信息，进行信息的整理和整顿。

❶ 整理

（1）北上广 VS 二、三线城市，优势各不同

平等的竞争环境，开放包容的姿态，是一线城市吸引人才的利器，在这些方面，"北上广"依旧保有不可替代的优势。

但想真正留在大城市困难重重，**望而生畏的房价、户口限制**等让许多人对大城市**缺少归属感，生存压力、心理压力都很大。**

而相对于**二、三线城市来说，**更有人情味和更高的生活质量一直是吸引人的魅力所在。

（2）五个超级城市群，毕业生们心动吗？

从调查数据中可以看出，**选择五大城市群的毕业生占 81.3%，**而"更大的发展空间和优质资源"、"更好的社会福利和工资待遇"是毕业生选择城市群最看重的两大因素。

所以，城市群如果要想更好地吸引优秀毕业生，就要为大学生职业发展创造更公平环境，帮助大学生在职业发展上获得更多空间。

16.31% 的毕业生选择了"城市魅力及文化"，可见随着就业形势和择业心理的变化，吸引他们前去工作的，不一定是大而全的城市规模，而可能是某个地方的具体特点，比如靠海边、风景好、文化气息浓厚等。

所以，让选择二三线城市的毕业生的心定下来，**软环境因素也是一个很重要的方面。**如果二三线城市吸引了优秀年轻人后，就业软环境依旧不变，放任岁月磨平他们的"棱角"，那么它们只是吸引过来了人，并没有吸引来发展的驱动力。

（3）一步一个脚印，择一城而奋斗

选择不同的城市开始自己的职业生涯或许因此让你的人生轨道得以改变。大学毕业生不能迷恋一线城市的繁华，也不要贪恋小城市的安逸，**关键要了解自己想要的东西，了解自己的性格特点，了解自己是否真愿意并能适应大城市的快节奏。**

无论是坚守一线城市，还是回到二、三线城市，对于毕业生来说，其实，选择什么都没有对与错，而在于你自己的状态，别人走过的路都是参考，你就算沿着别人走过的路，也一定走不出跟别人一样精彩的人生。

在学校接受良好教育的目的，就是应该**正确认识人生，进而好好规划生涯，**去做自己认为值得的事情。不管在哪里，选定了一个地方，就要把那里当成是自己的家，在所在的地方，向下扎根，向上开花，无论身处何方，总能寻得人生的幸福。

加粗部分的信息都是我们可以利用设计信息图的重点信息。

所以整理后的信息主要是：

☆ 平等的竞争环境，开放包容的姿态，是一线城市吸引人才的利器

☆ 大城市有望而生畏的房价、户口限制、缺少归属感，生存压力、心理压力大

☆ 对于二、三线城市来说，更有人情味和更高的生活质量

☆ 选择五大城市群的毕业生占 81.3%

☆ 16.31% 的毕业生选择了"城市魅力及文化"

☆ 软环境因素也是一个很重要的方面

☆ 要了解自己的想要的东西

☆ 要了解自己的性格特点

☆ 要了解自己是否真愿意并能适应大城市的快节奏

☆ 正确认识人生，进而好好规划生涯

❷ 整顿

根据内容，将信息结构化，如图 9-25 所示。

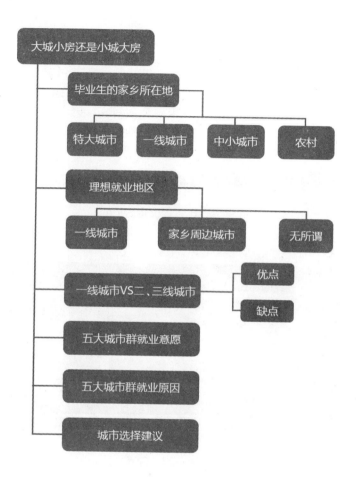

◆ 图 9-25　信息结构化

9.4 步骤 4：画出草图

对于大多数人，纸笔依然是首选的构图工具，可以快速成型，方便修改。

如果你更喜欢电子化工具，推荐使用在线绘图工具 Google Slides（如图 9-26 所示）、Gliffy（如图 9-27 所示）或者 Creatly（如图 9-28 所示），Gliffy 和 Creatly 有免费版本，Creatly 还有素材库，里面收集了很多优秀的信息图，是不错的选择。

◆ 图 9-26　Google Slides

◆ 图 9-27　Gliffy

◆ 图 9-28　Creatly

信息图的风格样式不用追求华丽、花哨，最有效的信息图一般是朴素简单的老式风格，可以同时兼顾阅读体验和突出数据的功能。美国知名数字营销专家 Avinash Kaushik 曾说过"最好的信息图应该是你花 10 秒去掌握精髓，然后花 30 分钟来欣赏其中令人愉快的细节布局"，只有简洁明了的设计才能让读者一眼看懂你的故事。

信息图的设计有几个共同的要素。

❶ 标题

信息图的标题要放在醒目的页眉处。标题要选用能够概括整个信息图内容的词语。
在一些社交媒体或者博客上分享信息图时，用简介作为信息图标题的情况也有

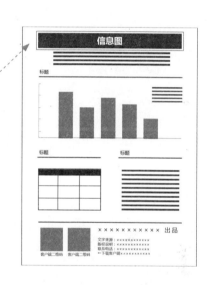

❷ 信息源

要将以什么为原始数据，即信息图制作所使用的信息源标明出来，通常信息源位于页尾处。
信息源通常是调查数据的名称、书名、网址等。对于注重时效性的信息图而言，标明信息获取的时间也是有必要的

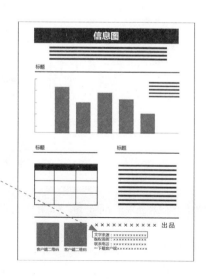

❸ 发布人与制作者

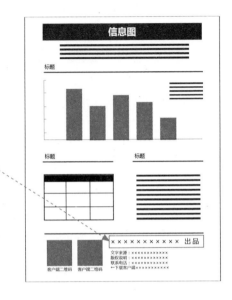

为了表明信息图是谁发布的、是谁制作的，要在图中说明或标明LOGO、二维码、链接等信息。
如果信息图是用作宣传的，还需要标出联系方式

❹ 其他

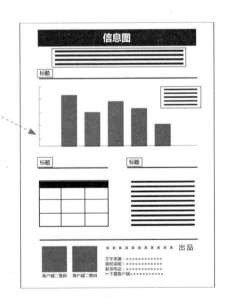

作为标题的补充，加入简介来说明信息图的主要内容，效果会更好。
加入小标题可以区分各个信息区域，也可以加入视觉效果来补白。
在一些容易造成误解的地方添加注解也是有必要的

我们用一个例子来验证一下，如图9-29所示。

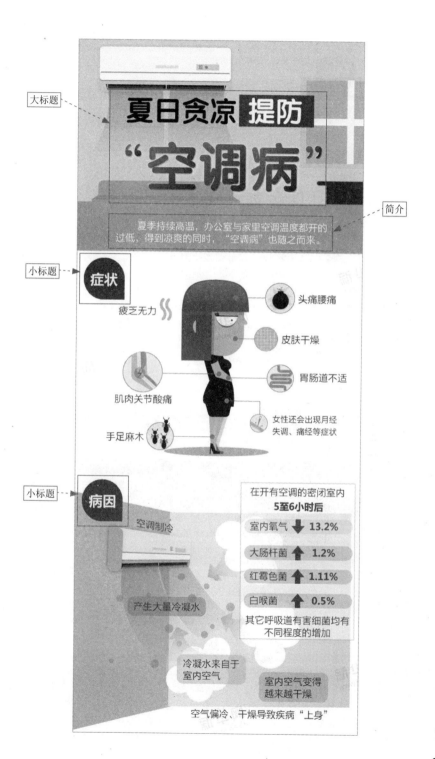

大标题

简介

小标题 — 症状

疲乏无力

头痛腰痛

皮肤干燥

胃肠道不适

肌肉关节酸痛

手足麻木

女性还会出现月经失调、痛经等症状

夏日贪凉 提防 "空调病"

夏季持续高温，办公室与家里空调温度都开的过低，得到凉爽的同时，"空调病"也随之而来。

小标题 — 病因

空调制冷

在开有空调的密闭室内
5至6小时后

室内氧气 ↓ 13.2%

大肠杆菌 ↑ 1.2%

红霉色菌 ↑ 1.11%

白喉菌 ↑ 0.5%

其它呼吸道有害细菌均有不同程度的增加

产生大量冷凝水

冷凝水来自于室内空气

室内空气变得越来越干燥

空气偏冷、干燥导致疾病"上身"

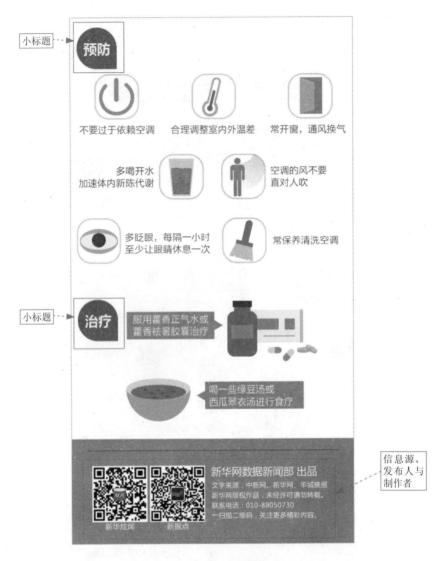

◆ 图 9-29　信息图

专家提醒

　　图 9-29 只是一个举例，不同的制图者所放的信息会有所不同，只是这几个要素是不可少的，并不是说所有的内容都是一致的。

根据内容结构图，我们可以画出相应的草图，如果习惯用纸笔画，可以用纸笔画，如果习惯用软件画，就用软件画，都是可以的，如图 9-30 所示。

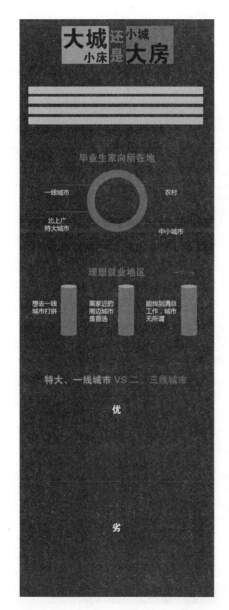

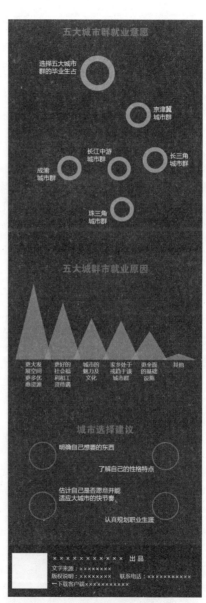

◆ 图 9-30 草图

9.5 步骤5：执行设计

执行设计就是将草图的内容补充完整，利用自己熟悉的绘图软件制作出来。如果之前是用软件做的草图，那么执行设计步骤就会简单很多。

下面将之前的草图补充完整，补充完后的效果如图9-31所示。

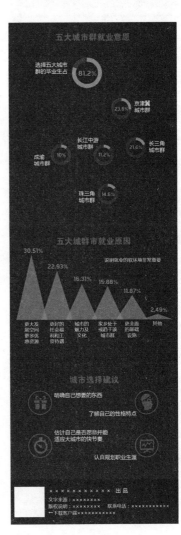

◆ 图9-31　效果图

9.6 步骤6：检查

在做出一张完美的信息图后，是不是就可以发布了呢？不，还需要再检查检查。

如果你要把信息图发布到网站或社交媒体上，你能确定你的图片在网站或者社交媒体上看起来也是完美的吗？

一般来说，把信息图分享到 Facebook 或者 Twitter 时，这些站点并不是总能够完美显示你的图片。

比如，Twitter 的新闻摘要会把你的图片调整到大约 500 像素宽，然后按照一定算法来选择其中的 250 像素高度部分显示，如图 9-32 所示，这样的显示方式会让信息图预览图的美观度大打折扣，影响点击量。

◆ 图9-32　信息图显示

为了避免这个问题，建议选择信息图最吸引人的部分，截图并创建一个 500 像素 ×250 像素的新图片，将这张精心挑选的预览图分享到 Twitter，在推文中附上网站链接和一些基本解说。

不同的网站对图片的处理有不同的要求，可以参照 Twitter 的解决方案。另外，也可以专门为发布在社交媒体上的信息图重新进行比例调整，这样可以让读者获得最完美的阅读体验。

10
CHAPTER

信息图案例

图 × 解 × 力

信息图表设计，一张图读懂枯燥数据

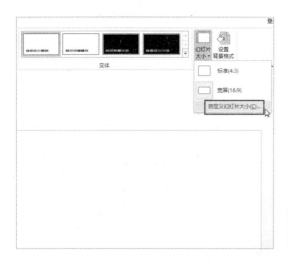

10.1 房地产行业——条（柱）形图类信息图

2015年2月，一系列利好楼市的政策相继推出：中央银行连续宣布降准降息、两会释放出利好房地产市场的信息、公积金政策调整，特别是3月30日，再出重磅新政，首付比例下调、营业税免征期限由5年变成2年。

下面以后"330"楼市的情况为主题，设计一个条（柱）形图类信息图。

10.1.1　制作页眉

下面介绍页眉的制作。

步骤 01　启动 PowerPoint 2013，新建一个空白幻灯片，切换至"设计"面板，单击"幻灯片大小"选项右侧的下拉按钮，选择"自定义幻灯片大小"选项，弹出"幻灯片大小"对话框，设置幻灯片的"宽度"、"高度"，并将幻灯片设置为"纵向"，如图 10-1 所示。

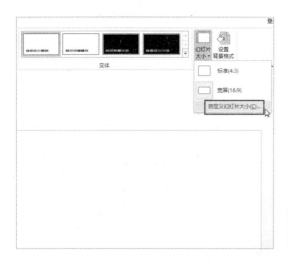

◆ 图 10-1　创建幻灯片

步骤 02　切换至"插入"面板，单击"图片"按钮，弹出"插入图片"对话框，在计算机的合适位置，选择图片素材插入，如图 10-2 所示。

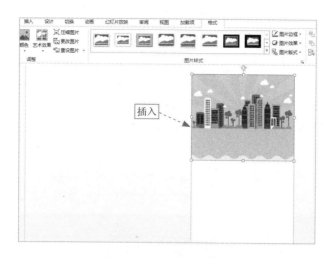

◆ 图 10-2　插入图片

步骤 **03**　将幻灯片放大，方便编辑。切换至"插入"面板，单击"文本框"|"横排文本框"选项，输入文字"后'330'楼市"，并设置"字体"为"方正黑体_GBK"，"字号"为32，换行输入"新房二手房双回暖"，并设置"字体"为"方正粗黑宋简体"，"字号"为54，"字体颜色"都为"白色"，即可完成页眉的制作，如图 10-3 所示。

◆ 图 10-3　输入标题

10.1.2　制作内容

下面介绍内容的制作。

步骤 01　切换至"插入"面板，单击"文本框"|"横排文本框"选项，输入小标题文字"'330 新政'组合拳"，并设置"字体"为"方正黑体"，"字号"为 26.5，"字体颜色"都为"青色"（R: 94, G: 211, B: 208），如图 10-4 所示。

◆ 图 10-4　添加小标题

步骤 02　用与上述同样的方法，输入其他小标题，将各个部分进行大致分割，如图 10-5 所示。

◆ 图 10-5　用小标题进行大致的版式分割

步骤 **03** 在第 1 个小标题下方添加文本框，输入内容，设置相应字体格式，如图 10-6 所示。

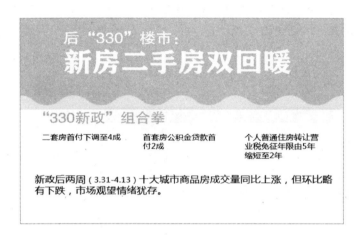

◆ 图 10-6 输入内容

步骤 **04** 在文字的基础上添加基本形状形成装饰，并在"十大城市"部分添加下画线及注释文字，如图 10-7 所示。

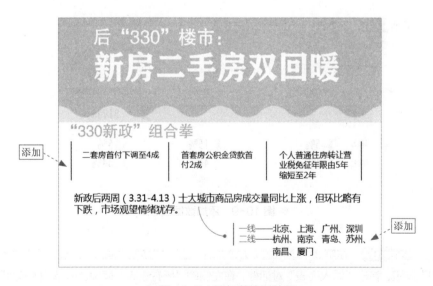

◆ 图 10-7 添加装饰及注释

步骤 05 在第 2 个小标题下方添加矩形。切换至"插入"面板，单击"形状"选项右侧的下拉按钮，弹出下拉菜单，在"基本形状"栏中选择"矩形"选项，在幻灯片中绘制两个矩形，分别设置矩形的格式，并在矩形中添加数字，再添加说明数字的文字，如图 10-8 所示。

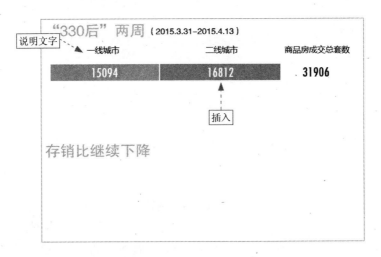

◆ 图 10-8　添加矩形及说明文字

步骤 06 在矩形下方添加数据信息，如图 10-9 所示。

"330后" 两周 (2015.3.31–2015.4.13)

	一线城市	二线城市	商品房成交总套数
	15094	16812	31906
环比	↓ 5%	↓ 15%	↑ 5%
同比	↑ 39%	↑ 46%	↑ 34%

◆ 图 10-9　添加数据信息

步骤 07 在第 3 个小标题下方添加柱状图。切换至"插入"面板，单击"图表"按钮，弹出"插入图表"对话框，在左侧的"所有列表"框中，选择"柱形图"选项卡，在"柱形图"的右侧栏框中，选择"簇状柱形图"选项，单击"确定"按钮，如图 10-10 所示。

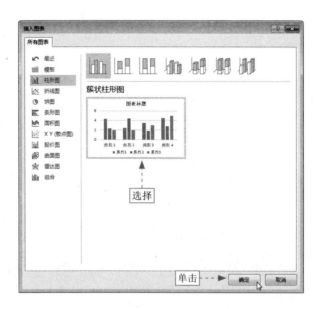

◆ 图 10-10　单击"确定"按钮

步骤 08　执行操作后，即可插入柱形图，在"Microsoft PowerPoint 中的图表"对话框中输入相应的数据，再关闭"Microsoft PowerPoint 中的图表"对话框，如图 10-11 所示。

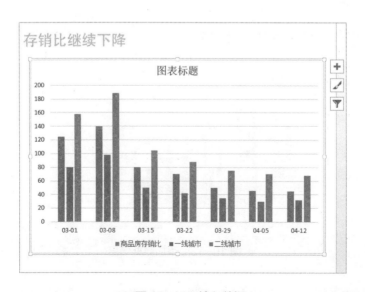

◆ 图 10-11　输入数据

步骤 09 删除图表标题、网格线，将图例移至右上角，设置坐标轴单位、字体格式以及柱形的"形状填充"，如图 10-12 所示。

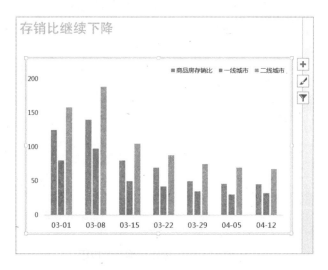

◆ 图 10-12　设置柱形图格式

步骤 10 在柱形图上方添加文字说明，如图 10-13 所示。

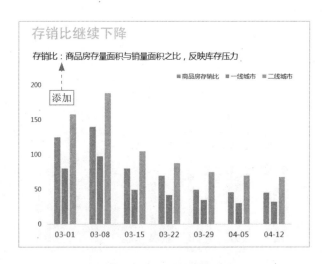

◆ 图 10-13　添加数据信息

步骤 11 在柱形图的空白处添加递减箭头填充空白，如图 10-14 所示。

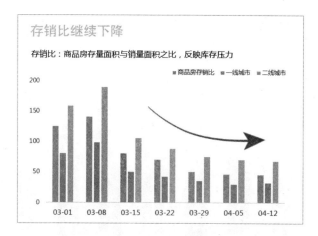

◆ 图 10-14　添加递减箭头

步骤 **12**　在第 4 个小标题下方添加文字说明，如图 10-15 所示。

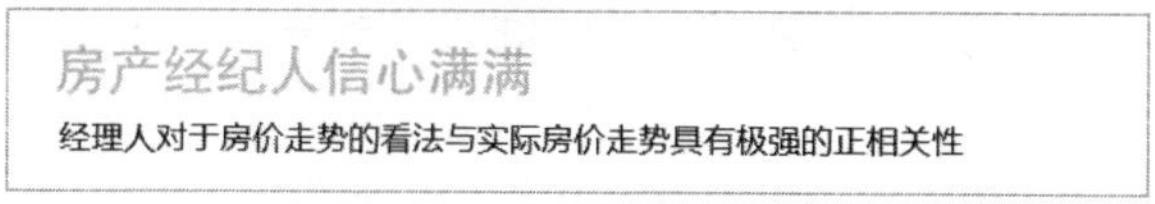

房产经纪人信心满满

经理人对于房价走势的看法与实际房价走势具有极强的正相关性

◆ 图 10-15　添加文字说明

步骤 **13**　用与第 3 个小标题相同的方法，在第 5 个小标题下方添加柱形图，也可以直接复制上面的柱形图，对数据进行修改，如图 10-16 所示。

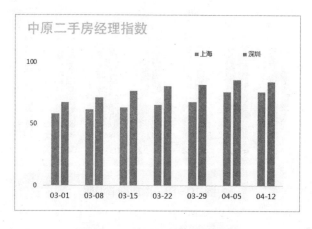

◆ 图 10-16　复制并修改数据

步骤 **14** 修改柱形图的颜色，并添加数据标签，如图 10-17 所示。

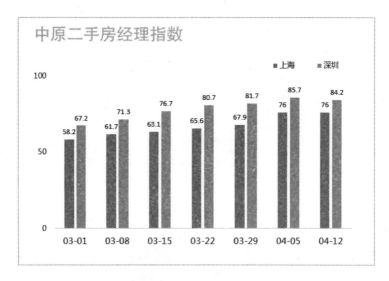

◆ 图 10-17 添加数据标签

步骤 **15** 修改数据标签的格式，并添加细节说明，如图 10-18 所示。

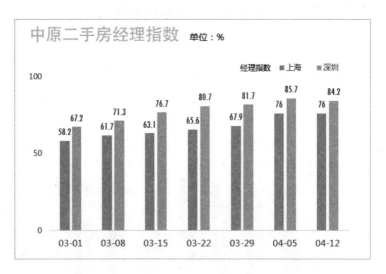

◆ 图 10-18 添加细节说明

步骤 **16** 在柱形图的空白处添加递增箭头，如图 10-19 所示。

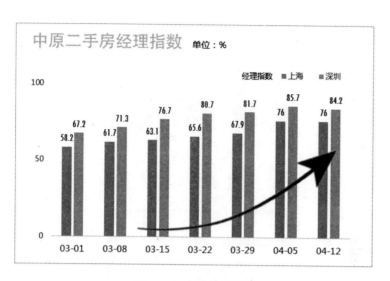

◆ 图 10-19　添加递增箭头

步骤 17 在页尾添加图片，如图 10-20 所示。

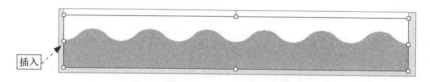

插入

◆ 图 10-20　页尾插入图片

步骤 18 最后添加信息图的信息源、发布人与制作者即可，整体的效果如图 10-21 所示。

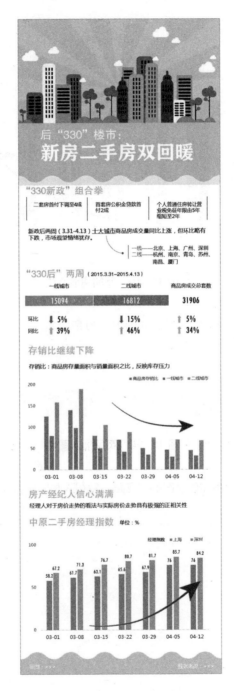

◆ 图 10-21　效果图

10.2 健康行业——图形符号类信息图

不少人选择跑步这种简单易行的方式来锻炼身体，那么长期坚持跑步到底能带来什么样的体验与好处呢？

下面就以长期跑步带来的体验和好处为主题，设计一个图形符号类信息图。

10.2.1 制作页眉

下面介绍页眉的制作。

步骤 01 启动 PowerPoint 2013，新建一个空白幻灯片，切换至"设计"面板，单击"幻灯片大小"选项右侧的下拉按钮，选择"自定义幻灯片大小"选项，弹出"幻灯片大小"对话框，设置幻灯片的"宽度"、"高度"，并将幻灯片设置为"纵向"，如图 10-22 所示。

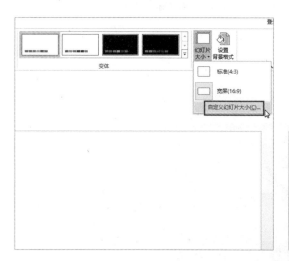

◆ 图 10-22 创建幻灯片

步骤 02 切换至"插入"面板，单击"图片"按钮，弹出"插入图片"对话框，在计算机的合适位置，选择图片素材插入，如图 10-23 所示。

步骤 03 切换至"插入"面板，单击"文本框"|"横排文本框"选项，输入文字"长期坚持跑步"，并设置"字体"为"方正综艺_GBK"，"字号"为 24，换行输入"是什么感觉"，并设置"字体"为"方正综艺_GBK"，"字号"

为 28，"字体颜色"都为"白色"，单击"居中"按钮，并在标题下添加一条白色的直线，如图 10-24 所示。

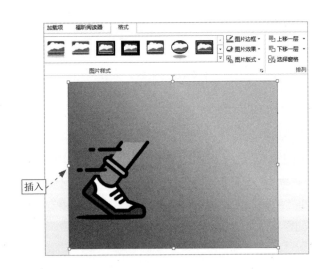

◆ 图 10-23　插入图片

◆ 图 10-24　输入标题

步骤 04　在标题下方插入文本框，输入引导语，即可完成页眉的制作，如图 10-25 所示。

◆ 图 10-25 添加引导语

10.2.2 制作内容

下面介绍内容的制作。

步骤 01 切换至"插入"面板，插入文本框，输入小标题"长期坚持跑步是怎样一种体验"，并设置"字体"为"微软雅黑"，"字号"为12，"字体颜色"都为"青色"（R：84，G：173，B：224），单击"加粗"按钮，如图 10-26 所示。

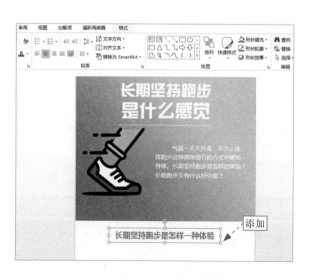

◆ 图 10-26 添加小标题

步骤 02 用与上述同样的方法，输入其他小标题，将各个部分进行大致分割，如图 10-27 所示。

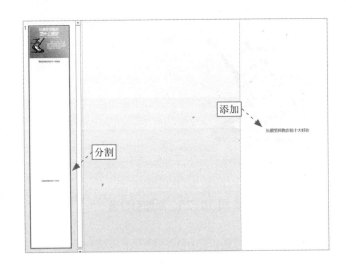

◆ 图 10-27 用小标题进行大致的版式分割

步骤 03 在第 1 个小标题下方添加矩形。切换至"插入"面板，单击"形状"选项右侧的下拉按钮，弹出下拉菜单，选择"矩形"选项，如图 10-28 所示。

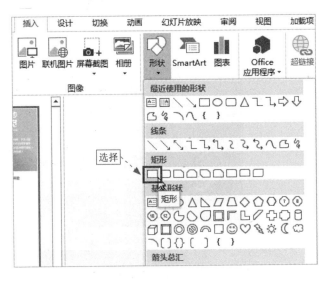

◆ 图 10-28 选择"矩形"选项

步骤 04 在小标题的下方拖曳鼠标,绘制出矩形,并设置矩形的格式,如图 10-29 所示。

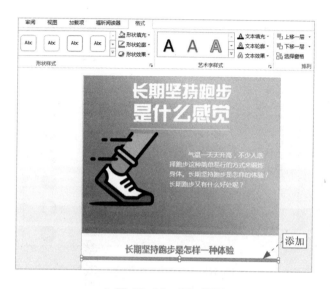

◆ 图 10-29　添加矩形

步骤 05 在矩形的中间画一条直线,将直线延长至第 2 个小标题上方,并设置直线的格式,如图 10-30 所示。

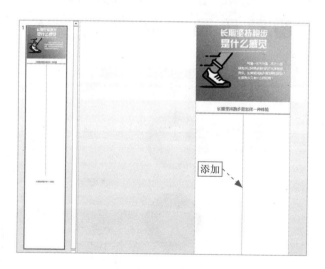

◆ 图 10-30　添加直线

步骤 06 插入图形符号素材，依次放置在矩形下方，绘制多个圆形依次放置在图形符号素材下方，并与直线"左右居中"对齐，如图 10-31 所示。

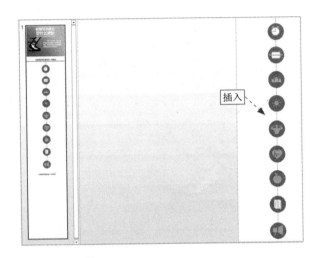

◆ **图 10-31 插入图形符号素材**

步骤 07 在第 1 个图形符号素材的左边绘制一个圆角矩形，单击圆角矩形的调节点，对圆角矩形进行调整，如图 10-32 所示。

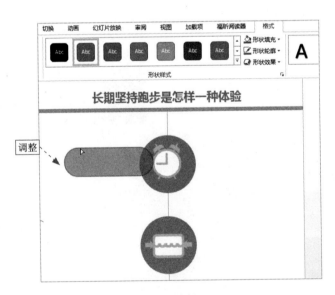

◆ **图 10-32 单击"确定"按钮**

步骤 08 将圆角矩形置于底层，并设置圆角矩形的"形状填充"为"无填充颜色"，"形状轮廓"为"蓝色"（R：96，G：197，B：241），如图 10-33 所示。

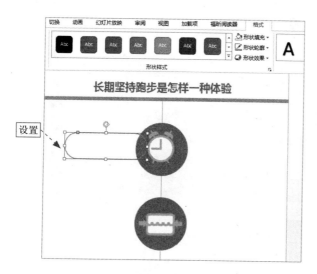

◆ 图 10-33　设置圆角矩形的格式

步骤 09 在圆角矩形中输入文字，设置"字体"为"方正粗颜宋简体"，"字号"为 9.5，"字体颜色"为"蓝色"，如图 10-34 所示。

◆ 图 10-34　设置文字格式

步骤 10 用与上述相同的方法，或复制修改第 1 个圆角矩形，为其他图形符号素材添加圆角矩形及文字，如图 10-35 所示。

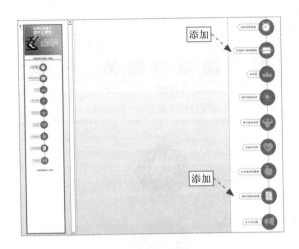

◆ **图 10-35 添加其他圆角矩形及文字**

步骤 11 同样的，在图形符号素材的右侧添加说明文字，如图 10-36 所示。

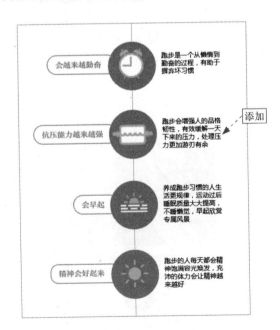

◆ **图 10-36 添加文字说明**

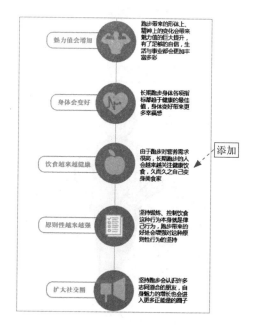

◆ 图 10-36　添加文字说明（续）

步骤 12　在第 2 个小标题下方复制第 1 个小标题下方的矩形，并插入图片素材，如图 10-37 所示。

◆ 图 10-37　插入图片

步骤 13　在图片素材的四周绘制文本框，输入好处说明文字，并设置字体格式，如图 10-38 所示。

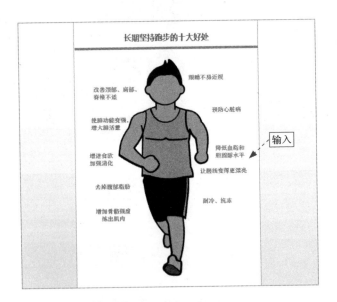

◆ **图 10-38　复制并修改数据**

步骤 14　插入直线，将文字与身体部位对应起来，并设置直线的格式，如图 10-39 所示。

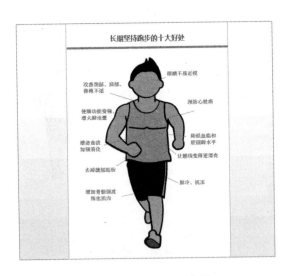

◆ **图 10-39　插入直线**

步骤 **15** 在图片素材下方，绘制一个椭圆，设置椭圆的格式，并置于底层，制造一些立体感，如图 10-40 所示。

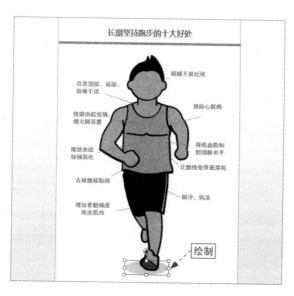

◆ **图 10-40 绘制椭圆**

步骤 **16** 在页尾添加一个矩形，并设置矩形的格式，如图 10-41 所示。

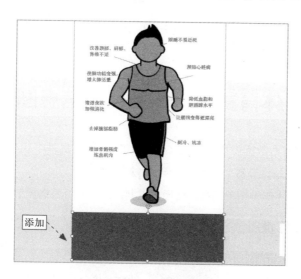

◆ **图 10-41 添加矩形**

步骤 17 最后添加信息图的信息源、发布人与制作者即可，整体的效果如
图 10-42 所示。

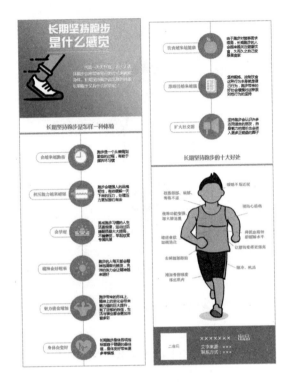

◆ **图 10-42　效果图**

10.3 体育赛事——表格类信息图

中超联赛官方数据供应商 amisco 发布了 2014 年赛季中超相关数据，对单
场比赛，球队，球员等各个方面列出详细数据。

下面以 2014 年中超单场数据之最为主题，设计一个表格类信息图。

10.3.1　制作页眉

下面介绍页眉的制作。

步骤 01 启动 PowerPoint 2013，新建一个空白幻灯片，切换至"设计"

面板，单击"幻灯片大小"选项右侧的下拉按钮，选择"自定义幻灯片大小"选项，弹出"幻灯片大小"对话框，设置幻灯片的"宽度"、"高度"，并将幻灯片设置为"纵向"，如图 10-43 所示。

◆ 图 10-43　创建幻灯片

步骤 02 绘制一个矩形，将页眉的位置大致框定起来，如图 10-44 所示。

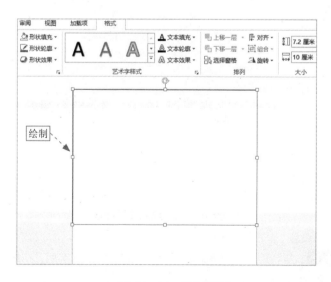

◆ 图 10-44　绘制矩形

步骤 03 在页眉部分的右上角绘制一个矩形，设置矩形的格式，并输入文字，如图 10-45 所示。

◆ 图 10-45 绘制矩形

步骤 04 在矩形下方插入一个面积图表，设置面积图的格式，再用直角三角形对其两头趋于 0 的部分做补充，用圆形及数字表示数据点，并添加其他数据说明，如图 10-46 所示。

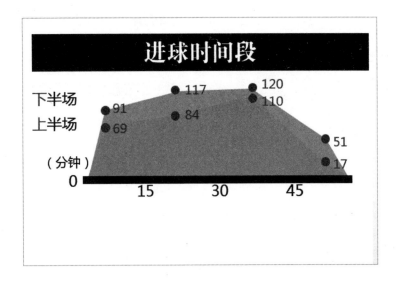

◆ 图 10-46 插入面积图表

步骤 05 复制矩形并向下拖动至合适位置，修改文字后，在矩形下方添加条形图表，如图 10-47 所示。

◆ 图 10-47　添加条形图

步骤 06　再次复制矩形并向下拖曳至合适位置，修改文字，并插入图片，如图 10-48 所示。

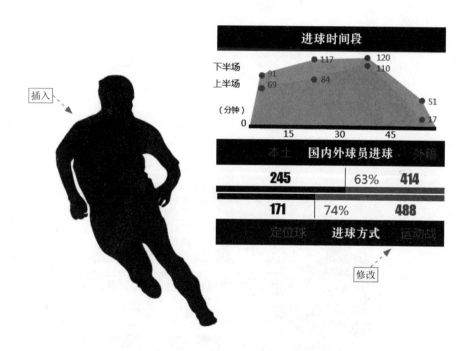

◆ 图 10-48　复制矩形并插入图片

步骤 07　在页眉的中心添加两个圆形，白色的圆形位于图片的下方，红色的圆形位于图片上方，且白色的圆形比红色的稍大，如图 10-49 所示。

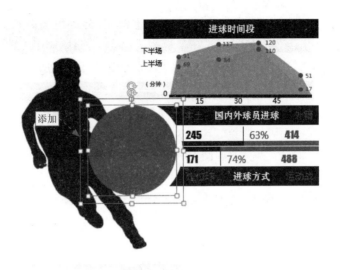

◆ 图 10-49　添加两个圆形

　　步骤 08 　在红色圆形上绘制一个文本框，输入文字，并设置中文"字体"为"方正大标宋简体"，"字号"为 24，英文"字体"为"Impact"，"字号"为"32"，"字体颜色"都为白色，如图 10-50 所示。

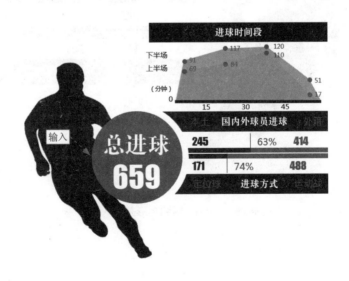

◆ 图 10-50　输入文字

步骤 09 在图片素材周边绘制 4 个红色圆形，与图片相重合的部分设置透明度，用直线将每一个圆形与中间的红色大圆相连接，如图 10-51 所示。

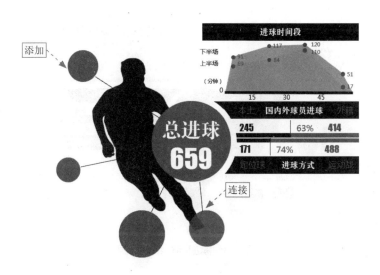

◆ 图 10-51 用直线连接

步骤 10 分别在 4 个红色圆形的合适位置添加文字说明，并设置字体样式，如图 10-52 所示。

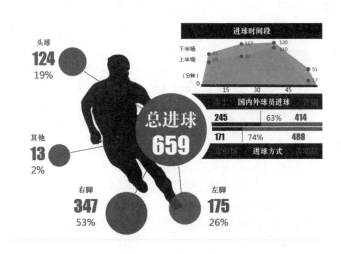

◆ 图 10-52 添加文字说明

步骤 **11** 在图片上方的合适位置，添加标题及信息源信息，并设置字体样式，即可完成页眉的制作，如图 10-53 所示。

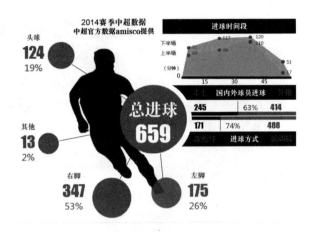

◆ 图 10-53　添加标题和信息源

10.3.2　制作内容

下面介绍内容的制作。

步骤 **01** 切换至"插入"面板，单击"表格"下方的下拉按钮，弹出"插入表格"下拉列表框，选择"插入表格"选项，如图 10-54 所示。

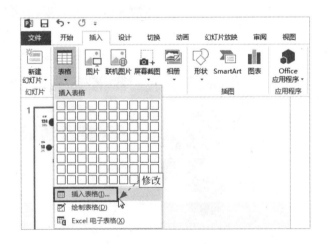

◆ 图 10-54　选择"插入表格"选项

步骤 02 弹出"插入表格"对话框,设置"列数"为2,"行数"为13,单击"确定"按钮,即可插入表格,如图10-55所示。

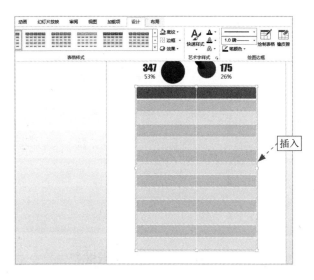

◆ 图10-55 插入表格

步骤 03 选中第1行的两列,右击,在弹出的快捷菜单中选择"合并单元格"选项,如图10-56所示。

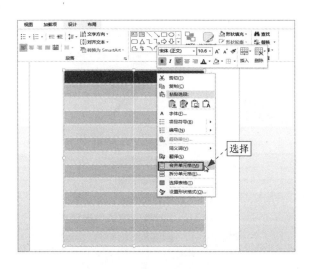

◆ 图10-56 合并单元格

步骤 **04** 用与上述相同的方法，将表格右侧的 3 ~ 7 行合并，如图 10-57
所示。

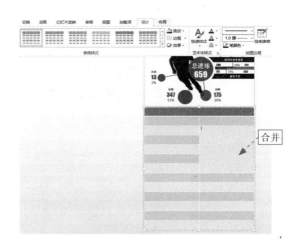

◆ 图 10-57 合并单元格

步骤 **05** 选中第 1 行，设置表格第 1 行的"形状填充"为红色，表格的 2、
4、6、8、10、12 行的"形状填充"为黑色，3、7、11 行的"形状填充"为"灰
色 -25%"，5、9、13 行的"形状填充"为白色，并设置"内部竖框线"的颜色
为白色，"粗细"为 4.5 磅，如图 10-58 所示。

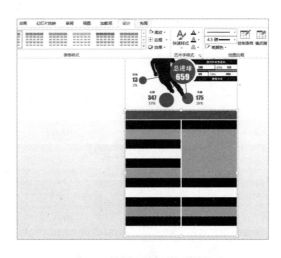

◆ 图 10-58 设置表格填充颜色

步骤 06 在表格中分别输入相应的文字，并设置字体样式，即可完成内容的制作，如图 10-59 所示。

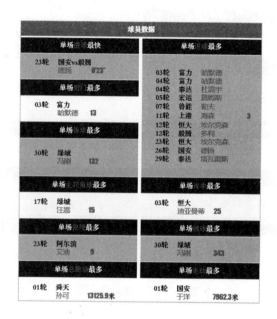

◆ 图 10-59 设置字体属性

步骤 07 完成上述的设置后，整体效果如图 10-60 所示。

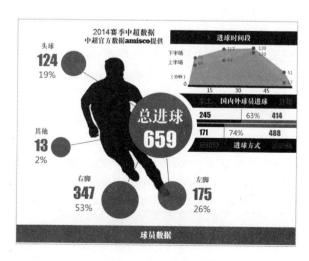

◆ 图 10-60 效果图

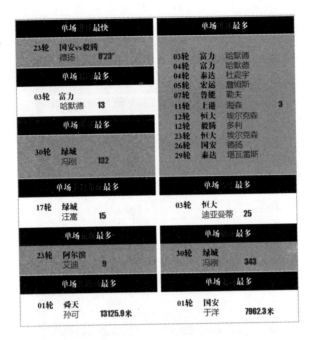

◆ 图 10-60　效果图（续）

10.4 生活常识——插画类信息图

　　都说人生要有一场说走就走的旅行才不会后悔，而出门旅行，最重要的就是打包好一个既轻巧又不会丢三落四的行李，这样才不会落入囧途。

　　下面就以行李的打包为主题，设计一个插画类信息图。

10.4.1 制作页眉

　　下面介绍页眉的制作。

步骤 01 启动 PowerPoint 2013，新建一个空白幻灯片，切换至"设计"面板，单击"幻灯片大小"选项右侧的下拉按钮，选择"自定义幻灯片大小"选项，弹出"幻灯片大小"对话框，设置幻灯片的"宽度"、"高度"，并将幻灯片设置为"纵向"，如图 10-61 所示。

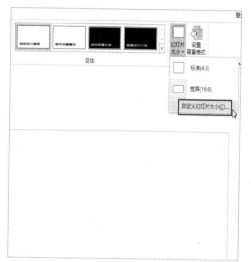

◆ 图 10-61 创建幻灯片

步骤 02 切换至"插入"面板，单击"图片"按钮，弹出"插入图片"对话框，在计算机的合适位置，选择图片素材插入，如图 10-62 所示。

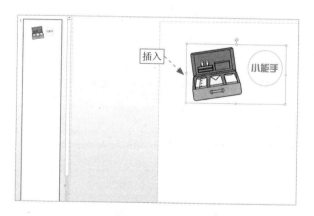

◆ 图 10-62 插入图片

步骤 03 切换至"插入"面板，单击"文本框"｜"横排文本框"选项，输入文字"如何变身行李打包"，并设置"字体"为"迷你简综艺"，"字号"为 24，"字体颜色"都为"青绿"（R：28，G：175，B：210），如图 10-63 所示。

◆ 图 10-63　输入标题

步骤 04　切换至"插入"面板，单击"形状"选项右侧的下拉按钮，弹出下拉菜单，选择"矩形"选项，如图 10-64 所示。

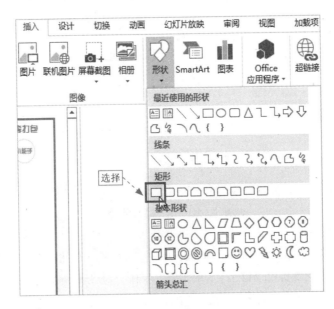

◆ 图 10-64　选择"矩形"选项

步骤 05 在图片的下方拖曳鼠标，绘制一个长条矩形，并设置矩形的格式，如图 10-65 所示。

◆ 图 10-65　添加矩形

步骤 06 在矩形下方插入文本框，输入内容简介，并设置字体样式，即可完成页眉的制作，如图 10-66 所示。

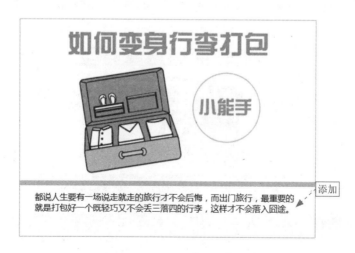

◆ 图 10-66　添加内容简介

10.4.2　制作内容

下面介绍内容的制作。

步骤 01　切换至"插入"面板，单击"形状"选项右侧的下拉按钮，弹出下拉菜单，选择"圆角矩形"选项，如图 10-67 所示。

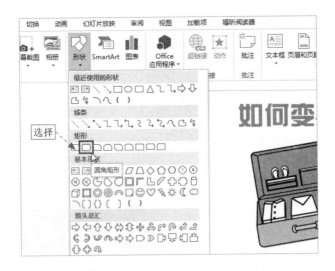

◆ 图 10-67　选择"圆角矩形"选项

步骤 02　绘制一个圆角矩形，并设置圆角矩形的格式，如图 10-68 所示。

◆ 图 10-68　绘制圆角矩形

步骤 03 切换至"插入"面板，单击"文本框"|"横排文本框"选项，输入小标题文字"旅游行李带什么"，并设置"字体"为"方正正中黑简体"，"字号"为 12，"字体颜色"都为"灰色"（R：124，G：124，B：124），如图 10-69 所示。

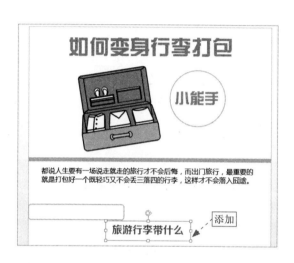

◆ 图 10-69　添加小标题

步骤 04 将小标题移至圆角矩形上方，选中圆角矩形和小标题，单击"排列"|"对齐"选项，选择"左右对齐"和"上下对齐"，如图 10-70 所示。

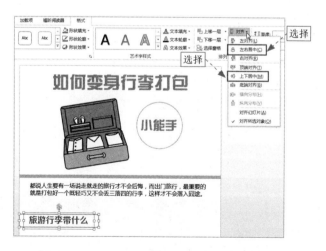

◆ 图 10-70　选择"左右对齐"和"上下对齐"

步骤 **05** 用与上述同样的方法，输入其他小标题，将各个部分进行大致分割，如图 10-71 所示。

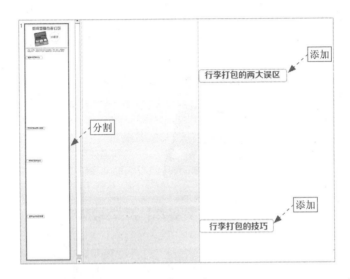

◆ 图 10-71 用小标题进行大致的版式分割

步骤 **06** 在第 1 个小标题下方，用直线将版块划分为 6 个部分，设置直线的格式，并将直线组合起来，如图 10-72 所示。

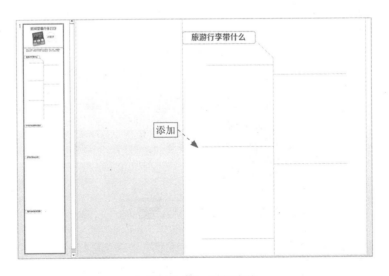

◆ 图 10-72 添加直线

步骤 07 在横向直线上添加文本框，输入内容，设置相应的字体格式，如图 10-73 所示。

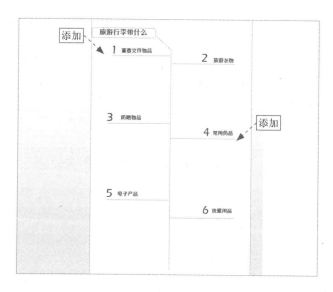

◆ 图 10-73　输入内容

步骤 08 插入插画素材，并调整插画的大小及位置，如图 10-74 所示。

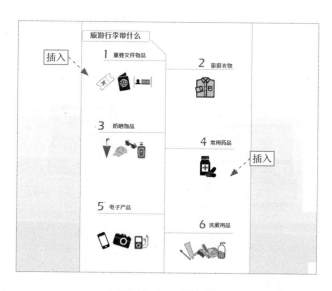

◆ 图 10-74　插入插画

步骤 09 在插画下方添加文本框，再添加说明文字，并设置字体样式，如图 10-75 所示。

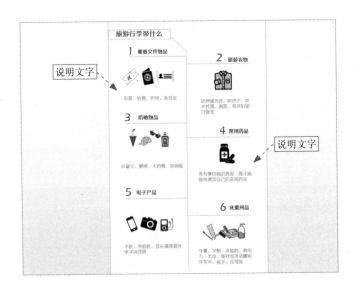

◆ 图 10-75 添加说明文字

步骤 10 切换至"插入"面板，在第 2 个小标题下方插入插画素材，并调整插画的大小和位置，如图 10-76 所示。

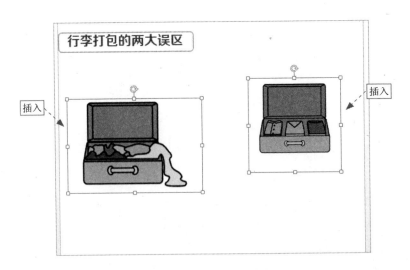

◆ 图 10-76 插入插画素材

步骤 **11**　在插画的合适位置添加文本框，添加说明文字，并设置字体样式，如图 10-77 所示。

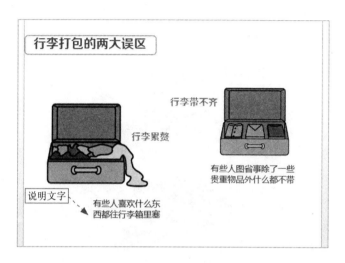

◆ 图 10-77　添加说明文字

步骤 **12**　切换至"插入"面板，在第 3 个小标题下方插入插画素材，并调整插画的大小和位置，如图 10-78 所示。

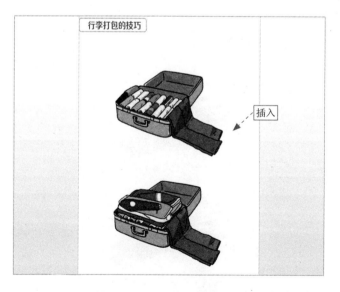

◆ 图 10-78　插入插画素材

步骤 13 在插画的周围添加文本框，添加说明文字，并设置字体样式，如图 10-79 所示。

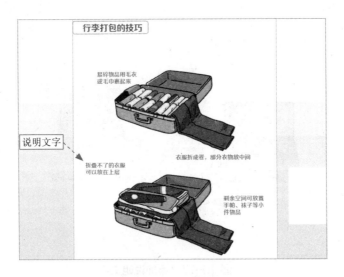

◆ 图 10-79 添加说明文字

步骤 14 用"肘形连接符"把说明文字与插画的内容——对应连接起来，如图 10-80 所示。

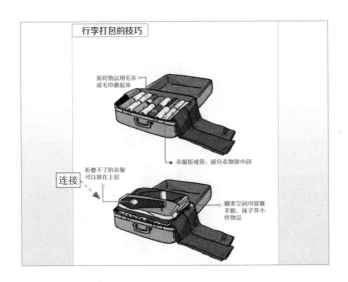

◆ 图 10-80 用"肘形连接符"连接

步骤 15 在插画上下方分别添加小贴士文字，如图 10-81 所示。

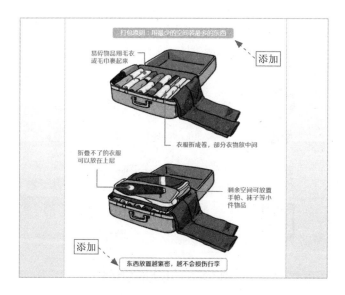

◆ 图 10-81　添加小贴士文字

步骤 16 切换至"插入"面板，在第 3 个小标题下方插入插画素材，并调整插画的大小和位置，如图 10-82 所示。

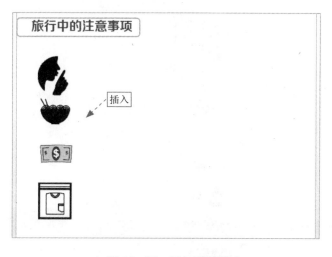

◆ 图 10-82　插入插画素材

步骤 **17** 在插画的右边绘制 4 个圆角矩形，设置圆角矩形的样式，并添加文本框，添加说明文字，并设置字体样式，如图 10-83 所示。

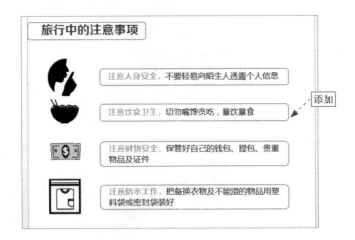

◆ 图 10-83　添加说明文字

步骤 **18** 最后添加信息图的信息源、发布人与制作者即可，整体的效果如图 10-84 所示。

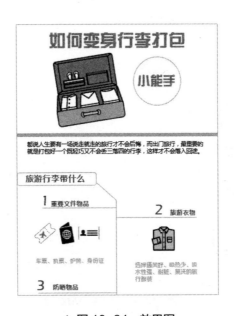

◆ 图 10-84　效果图

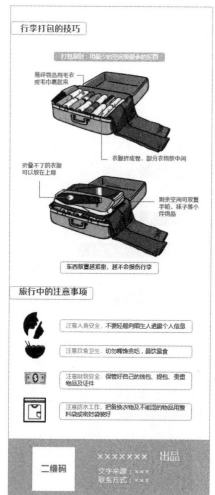

◆ 图 10-84 效果图

读 者 意 见 反 馈 表

亲爱的读者：

感谢您对中国铁道出版社的支持，您的建议是我们不断改进工作的信息来源，您的需求是我们不断开拓创新的基础。为了更好地服务读者，出版更多的精品图书，希望您能在百忙之中抽出时间填写这份意见反馈表发给我们。随书纸制表格请在填好后剪下寄到：北京市西城区右安门西街8号中国铁道出版社综合编辑部 张亚慧 收（邮编：100054）。或者采用传真（010-63549458）方式发送。此外，读者也可以直接通过电子邮件把意见反馈给我们，E-mail地址是：lampard@vip.163.com。我们将选出意见中肯的热心读者，赠送本社的其他图书作为奖励。同时，我们将充分考虑您的意见和建议，并尽可能地给您满意的答复。谢谢！

- -

所购书名：_____

个人资料：

姓名：_____ 性别：_____ 年龄：_____ 文化程度：_____

职业：_____ 电话：_____ E-mail：_____

通信地址：_____ 邮编：_____

- -

您是如何得知本书的：

□书店宣传 □网络宣传 □展会促销 □出版社图书目录 □老师指定 □杂志、报纸等的介绍 □别人推荐
□其他（请指明）_____

您从何处得到本书的：

□书店 □邮购 □商场、超市等卖场 □图书销售的网站 □培训学校 □其他

影响您购买本书的因素（可多选）：

□内容实用 □价格合理 □装帧设计精美 □优惠促销 □书评广告 □出版社知名度
□作者名气 □工作、生活和学习的需要 □其他

您对本书封面设计的满意程度：

□很满意 □比较满意 □一般 □不满意 □改进建议

您对本书的总体满意程度：

从文字的角度 □很满意 □比较满意 □一般 □不满意
从技术的角度 □很满意 □比较满意 □一般 □不满意

您希望书中图的比例是多少：

□少量的图片辅以大量的文字 □图文比例相当 □大量的图片辅以少量的文字

您希望本书的定价是多少：

本书最令您满意的是：

1.
2.

您在使用本书时遇到哪些困难：

1.
2.

您希望本书在哪些方面进行改进：

1.
2.

您需要购买哪些方面的图书？对我社现有图书有什么好的建议？

您更喜欢阅读哪些类型和层次的理财类书籍（可多选）？

□入门类 □精通类 □综合类 □问答类 □图解类 □查询手册类

您在学习计算机的过程中有什么困难？

您的其他要求：